DE LA TRINCHERA AL SARTÉN

DE LA TRINCHERA AL SARTÉN

RECETARIO DEL EXILIO ESPAÑOL EN MÉXICO

MAITÉ LABORDE, MELINDA RIDAURA Y MACO SÁNCHEZ

© 2024, De la trinchera al sartén, Recetario del exilio español en México, un proyecto de María Teresa Laborde Dovalí, Melinda Anne Ridaura Harvey y María José Sánchez Blanco

Diseño de interiores: Alejandra Ruiz Esparza

Agradecimientos de las autoras:

Textos: © Claudia Hernández de Valle Arizpe, © María José Sánchez Blanco y © Margarita Laborde Dovalí
Corrección de estilo: Cecilia López Ridaura y equipo de Grupo Planeta

Fotografía de recetas para versión impresa: Todas las fotografías son de © Pepe Castillo Borja, a excepción de pp. 33, 57, 82, 95, 98, 124, 130, 136, 143, 146, 150, 168, 179 © María Teresa Laborde Dovalí
Fotografía de recetas para versión digital: Todas las fotografías de receta son de © Pepe Castillo Borja, a excepción de pp. 30, 54, 78, 91, 94, 120, 126, 132, 142, 149, 152, 156, 173, 186, 191, 192 © María Teresa Laborde Dovalí
Fotografías de interiores: cortesía de las autoras

Estilismo de alimentos: Maité Laborde
Asistente de estilismo: Gabriela Hernández Robles

Convocatoria redes sociales e investigación de historias e imágenes familiares: Melinda Ridaura y Maco Sánchez

Fotografías de solapa: © Pepe Castillo Borja
Fotografía de portada: © María Teresa Laborde Dovalí
Diseño de portada: Maité Laborde, Melinda Ridaura y Maco Sánchez / Planeta Arte & Diseño

© 2024, Editorial Planeta Mexicana, S.A. de C.V.
Bajo el sello editorial PLANETA M.R.
Avenida Presidente Masarik núm. 111,
Piso 2, Polanco V Sección, Miguel Hidalgo
C.P. 11560, Ciudad de México
www.planetadelibros.com.mx

Primera edición en formato epub: noviembre de 2024
ISBN: 978-607-39-1487-1

Primera edición impresa en México: noviembre de 2024
ISBN: 978-607-39-1522-9

Impreso en los talleres de Litográfica Ingramex, S.A. de C.V.
Centeno núm. 162-1, colonia Granjas Esmeralda, Ciudad de México
Impreso y hecho en México – *Printed and made in Mexico*

A Yolanda, Isabel, Pilar, Enriqueta, Pepita, Manolita, Ángela, Blanca Nieves, Dolores, Lola, Josefina, Margarita, María, Emilia, Carmen, María Fernanda, Estrella, Maruja, Montserrat, Bernardina, Enriqueta, Ibérica, Carme, María, Pilar, Gloria, Josefa, Rómulo, Eulalia, Gonzalo, Carmen, Maricarmen, Pinky, Pepita, Cielo, Clotilde, Remei, Carmen, Mercé, María- Ana, Carmen, Nati, Miguel, Dolores, José María, Rosa Emilia, Ángela, Fini, Lola, Rosalía, Elisa, Adela, Carlos, Rosita, Marta, Úrsula, Manola, Carmen, Mercedes, Pilar, Cecilia, Maruchi, Joana, Josefina, Juana, Encarnita, Pepita, Elena, Queenie, Soledad, Olga, Jesu.

ÍNDICE

PRESENTACIÓN

De la trinchera al sartén. Recetario del exilio español en México

Uno de los fenómenos humanos más conmovedores es el del exilio. Abandonar el lugar de origen por razones políticas supone un duro golpe para quien lo vive. La nostalgia que siente quien se ve forzado a partir será, sin embargo, rica en muchos aspectos, incluyendo paisajes, olores y, por supuesto, sabores.

La mesa del exiliado ha aparecido en poemas, cuentos, ensayos y canciones; también en el cine y en las artes plásticas. Se escribe o se pinta, muchas veces, para no olvidar, para dejar constancia de hábitos y usos de un pueblo, de una comunidad, de una familia. En el arte y en los libros, el registro de una época, con sus dificultades, aprovechamientos y hallazgos, tiene un valor incalculable.

De la trinchera al sartén. Recetario del exilio español en México es precisamente eso: un valioso documento sobre la comida de diversas regiones de España, que reúne testimonios y recetas de los descendientes de exiliados en México que huyeron del franquismo durante la guerra civil.

Cada receta fue fotografiada de manera apetitosa y, además, la acompaña un breve, pero significativo relato sobre el lugar de origen y la suerte de los padres o abuelos de quien narra. Conocemos, así, tanto aspectos de sus vidas en España antes del viaje como pormenores de la travesía: ¿venían primero las mujeres con sus hijos y sin su esposo?, ¿se separaron de otros miembros de la familia en España, o ya en Francia, en Cuba o en República Dominicana (primeros países de llegada)?

Para enriquecer todavía más este volumen, se reproducen fichas migratorias de los refugiados, además de fotografías que ilustran la vida cotidiana y las fechas memorables de personas que, gracias a esas imágenes, se vuelven más cercanas para los lectores.

Llegados en circunstancias difíciles, con duelos y pobreza a cuestas, las historias de muchos exiliados están impregnadas, al mismo tiempo, de ese espíritu de lucha que trajo consigo el trabajo físico e intelectual, junto con la esperanza de una nueva vida, productiva y en paz. El poeta León Felipe (1884-1968) afirmó en la Casa de España en México, en 1939:

> Después, México me dio más: amor y hogar. Una mujer y una casa. Una casa que tengo todavía y que no me han derribado las bombas. Ahora que tanto español refugiado no tiene una silla donde sentarse, tengo que decir esto con vergüenza. Pero tengo que decirlo. Y no para mostrar mi fortuna, sino mi gratitud. Y para levantar la esperanza de aquellos españoles que lo han perdido todo.[1]

Con esas palabras, León Felipe subraya la situación de la mayoría de sus compatriotas llegados a México, y la comida será reflejo de ese exilio que muchos consideran «una condición» más que un tema; una condición de la que, como sabemos, es difícil desprenderse.

La comida del exilio y, por lo tanto, la de este libro, está conformada, en buena medida, por platos sencillos, pero no simples. ¿Qué puede haber más sencillo que unas papas al ajo cabañil, que solo requieren cinco ingredientes (papa, ajo, vinagre blanco, aceite de oliva y sal) para regalar al paladar una guarnición sabrosísima?, ¿o que una sopa de pan aromatizada con tomillo, y que desde la primera cucharada reconforta alma y estómago? Esa sencillez del pan, ese sorbo de vino, esa cucharada de sopa, tienen fuerte presencia en la literatura del exilio a través de sus asociaciones con las emociones más humanas.

Un ejemplo lo brinda el poeta valenciano Tomás Segovia (1927-2011), miembro de la llamada segunda generación del exilio en nuestro país:

[1] León Felipe, *Español del éxodo y del llanto: doctrina, elegías y canciones*, México, La Casa de España en México, 1939, p. 14. Consultado en <https://www.cervantesvirtual.com/obra-visor/espanol-del-exodo-y-del-llanto-doctrina-elegias-y-canciones>.

Hace años ya que secuestrado
de mi claro palacio
masco en casas extrañas mi pan de solitario
hallando en su sabor salado
la sombra de unas lágrimas que son la sombra
de aquellos días.[2]

Otro es de la escritora María Luisa Elío, quien llegó con su familia a México a los 14 años. En «Tiempo de llorar», relato sobre su regreso a Pamplona después de treinta años de exilio, también habla del pan:

> Al pasar por un pueblo nos paramos a comprar un pan cabezón. Así se llaman los panes de pueblo aquí. ¡No se me había olvidado! El olor de este pan, semioscuro, llena todo el coche.[3]

Volviendo a la cocina de este libro, destaco que es rica en ingredientes imprescindibles para conferir gran sabor a los platillos, como aceite de oliva, ajo, cebolla, pimiento, papa, jitomate, huevo, pan, arroz, garbanzo, alubia y chorizo. Por supuesto hay platos con bacalao, chipirones o calamares; otros en los que las butifarras cantan en el aceite, se dora el conejo o se salsea la merluza con espárragos y almejas, y junto al más sencillo arroz blanco apenas coronado por jitomate y alguna hierba, desfilan listas de carnes y verduras para un arroz más sustancioso, como el valenciano *rosechat* o uno mixto, más complejo, a la paella.

Se trata también de una cocina de pequeños trucos y recomendaciones para obtener la mejor consistencia y el sabor deseado en, por ejemplo, una fabada que exhala el aroma de un infaltable hueso de jamón serrano; en un alioli que se desee preparar de la manera más tradicional posible, o en unos caracoles cuya sola limpieza exige tiempo y paciencia. Para que unas albóndigas resulten óptimas, una familia atesora, por ejemplo, un molinillo que suma más de 70 años en su cocina. Así, ingredientes, técnicas y utensilios se vuelven personajes en este hermoso libro: un trabajo de recuperación de sabores, pero también de la memoria de un pueblo que abraza su identidad con alegría y orgullo.

---

[2] Tomás Segovia, «Cancionero del claro palacio» en *Cuaderno del Nómada: poesía completa. Vol. 1 (1943-1987)*, México, Fondo de Cultura Económica, 2014, p. 254.

[3] María Luisa Elío, *Tiempo de llorar y otros relatos*, México, Universidad Nacional Autónoma de México, Col. Vindictas: novela y memoria, 2022, p. 36.

Otro aspecto interesante de este volumen es que nos revela la adaptación de algunas recetas a través de la sustitución de un ingrediente por otro o de la incorporación de uno más, insospechado, que lleva a un platillo a nuevas instancias. El libro incluye un texto sobre el célebre Mercado de San Juan en la Ciudad de México, el cual, justamente en materia de ingredientes nacionales e importados, aporta datos históricos sobre cómo ahí se proveían de lo necesario quienes cocinaban los platillos más queridos por sus familias y amigos.

Maité Laborde Dovalí, Melinda Ridaura Harvey y Maco Sánchez Blanco integraron un equipo de trabajo que las llevó a cumplir con un objetivo común: la publicación de este título único y ciertamente necesario en nuestro panorama editorial; un recetario que es más que un recetario, y que arroja nueva luz sobre el exilio republicano español en México, tema que difícilmente se agota, dados sus ángulos posibles de abordaje y análisis.

Estilista de alimentos, la primera; artista visual, la segunda; historiadora y museóloga, la tercera, Maité, Melinda y Maco unieron sus talentos para entregar un libro que solo fue posible con pasión y compromiso.

Claudia Hernández de Valle-Arizpe

INTRODUCCIÓN HISTÓRICA

Recetas para después de una guerra: gastronomía, exilio y nostalgia

«En el día de hoy, cautivo y desarmado el ejército rojo, han alcanzado las tropas nacionales sus últimos objetivos militares. La guerra ha terminado». Con estas palabras, el general Francisco Franco anunciaba el 1.° de abril de 1939 el final de tres años de guerra civil en España y el principio del régimen dictatorial que él mismo encabezó hasta su muerte en 1975. Estas palabras sentenciaban también el triunfo del bando nacional sobre las tropas republicanas, el ejército rojo, y el inicio de un éxodo que, en aquellos años, difícilmente tenía comparación con otros fenómenos similares, no solo por la cantidad de gente que participó en él —un estimado de cerca de medio millón de personas— ni por lo diverso del contingente humano que lo integró —hombres, mujeres, niños y ancianos—, sino también por el significativo impacto que causó la cultura española en los países que le dieron acogida, países como Francia,[4] la Unión Soviética, República Dominicana y Argentina, pero muy especialmente México.

Si la primera opción de escape para estos desterrados, perseguidos y con riesgo de morir fue Francia, dada su proximidad con España, la ocupación por los nazis del país vecino los forzó a buscar nuevos destinos. Fue así que, entre 1936 y los primeros años de la década

[4] El informe «Valière» del Gobierno francés cifró que en 1939 había 440 000 refugiados españoles en el sur de Francia, de los cuales 170 000 eran mujeres, niños y ancianos; 220 000 soldados y militares; 40 000 inválidos, y 10 000 heridos. Guía del exilio español de 1939 en los archivos estatales, Centro de Información Documental de Archivos (CIDA). Consultado en <http://pares.mcu.es/MovimientosMigratorios/staticContent.form?viewName=presentacion>.

de los cincuenta, llegaron a México entre 20 000 y 25 000[5] ciudadanos españoles en calidad de asilados políticos, refugiados o exiliados. Algunos de estos ciudadanos españoles llegaron a México en barco de vapor (el Flandre, el Ipanema, el La Salle, el Mexique, el Nyassa, el Quanza o el Sinaia, entre los más conocidos); otros, en avión, tren, autobús y coche particular, a través de Yucatán, Veracruz o Nuevo Laredo, y con paradas previas en Argelia, Marruecos, Estados Unidos, Cuba o República Dominicana. Pero todos protagonizaron travesías épicas que ya son parte sustancial de la historia de la España y el México del siglo XX.

El equipaje con el que cada uno de aquellos españoles llegó a su nueva patria era una mezcla exacta entre lo útil y lo sentimental, entre lo pragmático y lo simbólico.[6] Un equipaje que, aunque ligero y breve, al ser producto de una salida a las carreras hacia un destino incierto y sin fecha de retorno, luchaba por salvaguardar los rastros de identidad de cada uno de esos viajeros por obligación. Entre los vestigios de la herencia cultural, ocupaba un lugar muy especial aquel guiso casero cocinado o comido antes de abandonar España.

A ochenta y cinco años de la llegada del primer barco del exilio español al puerto de Veracruz, *De la trinchera al sartén. Recetario del exilio español en México* rescata algunas de las recetas que llegaron con los pasajeros de aquellos barcos, aviones y trenes; recetas que heredaron a sus descendientes, ya nacidos en México, quienes las han atesorado y cocinado por generaciones. Se trata de una conexión entre la tradición y el disfrute de la cocina que fortalece la identidad cultural de aquellos que la aprecian y la practican. Si aceptamos como válida la afirmación «dime qué comes y te diré quién eres», este recetario habla de gente que forma parte de una hermandad forjada a base de paellas, tortillas de patata, cocidos, fabadas y largas sobremesas. Pero es gente que come cocido en plato pozolero, porque los platones de loza blanca traídos de España sucumbieron hace años, y se fueron sustituyendo por platos de barro de Michoacán; es gente que, en ocasiones, adereza el platillo con «tantito chile»; gente que, a ratos, dice «el sartén» y otras veces «la sartén».

---

[5] Véase Dolores Pla Brugat, «Refugiados españoles en México: recuento y caracterización», en *Los refugiados españoles y la cultura mexicana: actas de las segundas jornadas celebradas en El Colegio de México en noviembre de 1996*, México, El Colegio de México, 1999, pp. 419-434.

[6] Sobre este tema María Carrillo Espinosa, doctora en literatura hispánica por El Colegio de México, publicó en noviembre de 2019 el artículo «La retirada y las maletas del exilio cultural», en el que la autora discute cómo ante la inminencia del exilio se vuelve necesario elegir entre lo pragmático y lo simbólico: preparar el equipaje para partir al exilio obliga a decidir si llevar los objetos más útiles o aquellos que remiten a los rasgos identitarios que no quisieran perderse. Así, las maletas del exiliado se convierten en una extensión palpable de su identidad misma, que se proyecta hacia un porvenir incierto. «La Retirada y las maletas del exilio cultural», en *80 ans après «La Retirada» (1939-2019). L'exil républicain espagnol en France: théâtre, culture et engagement*, Avignon, Francia, 2019. Consultado en <https://hal-univ-avignon.archives-ouvertes.fr/hal-03512235>.

El exilio político de 1939 movilizó a familias enteras; no obstante, tres cuartas partes de la población que arribó a México en aquel momento —hombres, pero sobre todo mujeres—, nunca tuvieron un cargo público o un puesto militar de relevancia y tampoco eran escritores ni artistas. Si lo habían sido, la guerra había truncado sus carreras y la posibilidad de desarrollarlas en su nueva patria. México recibió a mujeres con profundas inquietudes políticas que fundaron organizaciones femeninas como el grupo Mariana Pineda o la Unión de Mujeres Españolas (UME)[7] —quienes tuvieron un papel fundamental en tareas de solidaridad con los presos españoles—, y a otras tantas mujeres que dedicaron sus vidas a la enseñanza, pero estas fueron una minoría y, además, la atención y el reconocimiento de su obra dista mucho del recibido por sus pares masculinos. Por ello, la presente obra también pretende hacerse un hueco en la historia cultural y social del México y la España contemporáneos, y así darle voz no solo a una compilación de recetas, que en origen fueron materia casi exclusiva del universo femenino, sino también a las historias de vida de sus autoras, relatos que, en su mayoría, habían quedado circunscritos al ámbito íntimo y familiar.

Si bien los hombres en edad de ir al frente, reclutados forzosamente o de forma voluntaria, tomaron las armas, las mujeres se quedaron en casa al cuidado de hijos, padres, suegros, hermanas, vecinos, etc. Con ese mismo «equipaje» dejaron España y enfrentaron la travesía del exilio mientras daban a luz, amamantaban niños propios y ajenos, y perdían hijos, progenitores y parejas. Al llegar a México, la mayoría de las mujeres exiliadas lucharon (y siguieron luchando) desde la cocina —corazón de la actividad familiar— de su nueva patria, para poder darles una vida digna a sus familias, reforzar su identidad de grupo y cuidar su legado cultural. Para lograrlo, en muchas ocasiones recurrieron a trabajos de costura, tejido y bordado —ocupaciones femeninas en las que las españolas de aquellos años, desde intelectuales a campesinas, tenían gran experiencia y destreza—. Como dice

[7] Pilar Domínguez Prats, «Exiliadas de la guerra civil española en México», en *Arenal: Revista de Historia de las Mujeres*, vol. 6, núm. 2 (1999), Mujeres y emigración, Dossier, pp. 295-312.

la historiadora mexicana Ana María Serna Rodríguez, descendiente de exiliados españoles, en su artículo titulado «El exilio en México de la gente común», fueron mujeres que desde la trinchera del hogar «transmitieron los valores republicanos a sus hijos y con ello salvaron una sólida memoria que alimenta la dignidad de por lo menos cuatro generaciones».[8]

Hoy, cuando muchos de los archivos de guerra ya están desclasificados y la construcción del relato de lo que pasó antes, durante y después de aquella lucha fratricida, es mucho más cercana a la verdad —sin olvidar los cientos de miles de desapariciones forzadas aún sin resolver—, *De la trinchera al sartén. Recetario del exilio español en México* pretende ser una vía de recuperación y (re)interpretación de las experiencias y de las vivencias asociadas a estos guisos, en su mayoría protagonizadas por mujeres, mujeres de las que los archivos de guerra no dan cuenta de su existencia y de las que, prácticamente, solo a través de su propia historia oral y de los relatos compartidos por sus familias, podemos tener noticia. Basta con, por ejemplo, intentar hacer una búsqueda en el repositorio digital de fichas migratorias de entrada a México[9] para descubrir que muchas de ellas aparecen con los apellidos de sus esposos, hecho que complica mucho la obtención de información directa, o simplemente revisar la lista de pasajeros del Sinaia que ingresaron a México en calidad de asilados políticos en la que, de un total de 908 personas, solo aparecen con nombre y apellido 10 mujeres (eso sí, se señala que son 5 solteras, 4 viudas y 1 casada).

Esta labor de rescate de las voces femeninas del exilio en México desde la trinchera gastronómica no es nueva, pero, en la mayor parte de los casos, se ha llevado a cabo por las propias protagonistas o sus descendientes. La historiadora mexicana de origen arago-

---

[8] Ana María Serna Rodríguez, «El exilio en México de la gente común», en *Amnis. Revue de civilisation contemporaine Europes/Ameriques*, 2, 2011.

[9] El portal Movimientos Migratorios Iberoamericanos es un proyecto coordinado por la Subdirección General de los Archivos Estatales del Ministerio de Educación, Cultura y Deporte español y ha sido una herramienta fundamental para esta investigación. Consultado en <http://pares.mcu.es/MovimientosMigratorios/staticContent.form?viewName=presentacion>.

nés Rosa María Seco publicó en 2008 *El recetario de mi vida*,[10] un homenaje a su madre, Águeda Mata Torres, una de esas mujeres que desde su cocina vivió en carne propia la guerra civil española y tuvo que huir a México, un país ajeno al que acabó por hacer propio. Rosa María compiló las recetas y los testimonios maternos, y los entretejió en forma de menú: la Segunda República en forma de aperitivo, la guerra y la vida en Francia como primer plato, el exilio a México como plato fuerte, y sus visitas a España como postre. Es un relato lleno de amor y respeto, que no solo habla de gastronomía, sino que además recoge el testimonio, en primera persona, de una sobreviviente de un posterior régimen militar y una guerra que, para generaciones de españoles, tenía una sola cara. En 2007 el abogado y gastrónomo mexicano de origen manchego, Fernando Serrano Migallón, publicó el recetario que su madre, María-Ana, había comenzado a escribir antes del inicio de la guerra y con el que había llegado a México desde La Mancha, con el título *Las recetas manchegas de doña María-Ana Migallón*,[11] una selección de recetas acompañada de un relato íntimo sobre los avatares de la vida doméstica y cotidiana que con frecuencia gira en torno a la cocina.

Encarnita Tagüeña Lacorte, maestra de origen madrileño que vivió en México la segunda mitad de su vida, afirmaba en una entrevista[12] que había nacido en el año 1919 en Madrid y que había muerto en la misma ciudad en 1939, con la guerra civil, pero que, al llegar a México en 1961, «bendito México», había vuelto a nacer. Una declaración que seguramente se puede hacer extensiva a muchas de las familias que participan en este recetario. Llegar a México y continuar la vida familiar fue un proceso complejo que visto desde 2024 se lee muy romántico y novelesco, pero debió de ser una batalla de muchos días —y muchas noches—, en la que las mujeres jugaron un papel protagónico. Una lucha por recuperar la cotidianidad —tan añorada por todos— rota por la guerra y por minimizar la carga de incertidumbre que implicaron la guerra, el exilio y la adaptación a su nueva patria. Una de las armas con las que muchas exiliadas libraron la batalla por la «normalización» fue la gastronomía, el recuperar olores y sabores de los tiempos de paz para revivirlos y perpetuarlos en su nueva vida, y así replicar las risas, los abrazos y las largas y acaloradas sobremesas que acompañan la elaboración y la degustación de estos guisos. Y, sobre todo, olvidar el hambre pasada.

Muchas de las recetas incluidas en esta publicación nos hacen recordar que nuestra gastronomía es heredera de una época de hambre, de escasez; recogen la tradición de la cocina de aprovechamiento, esa donde no se desperdicia nada (las croquetas,

---

[10] Rosa María Seco, *El recetario de mi vida*, Edición de autor, 2008.

[11] Fernando Serrano Migallón, *Las recetas manchegas de doña María-Ana Migallón*, México, Plaza y Valdés, 2007.

[12] Colegio Ciudad de México, «Homenaje a la maestra Encarnación Tagüeña Lacorte (Encarnita)», (s/f), video, consultado en <https://www.youtube.com/watch?v=8bykVkaO-Xo>.

las torrijas, las migas, la coca, los pepitos...). Si has crecido en la comunidad del exilio no te sorprende que las abuelas no permitan dejar nada en el plato, que tirar comida se considere un pecado y que siempre sirvan una cucharada más de lo que pides. Al revisar las narraciones que varios de los pasajeros del Sinaia compartieron de viva voz con las investigadoras mexicanas de origen español Concepción Ruiz-Funes Montesinos y Enriqueta Tuñón Pablos[13] en las entrevistas que realizaron a principio de los ochenta, se puede constatar que los recuerdos sobre el hambre que pasaron durante la guerra e incluso durante las travesías que los llevaron al exilio en México fueron uno de los temas más presentes, «de la comida de a bordo más vale no hablar. Nuestros dos hijos que en conjunto no pesaban, por aquel entonces, arriba de 30 kilos, perdieron cuatro cada uno durante el viaje y ello a pesar de que gracias a las amistades que hicieron con el radiotelegrafista y con un cocinero negro, estos les suministraban alguna fruta y uno que otro bocadillo suplementario».[14] En 1940 se publicó, en España, *Cocina de recursos (Deseo mi comida)*,[15] obra de uno de los más prestigiosos cocineros, pero, sobre todo, de los primeros divulgadores gastronómicos catalanes, Ignacio Doménech Puigcercós, en la que además de ofrecer una selección de recetas para un tiempo de escasez de alimentos, el autor defiende la importancia de la comida para el desarrollo intelectual y emocional del ser humano. El título de esta publicación lleva implícito un grito de angustia ante la penuria alimenticia sufrida durante la guerra y la posguerra españolas, un grito desesperado que burló la censura del momento pero que llevaba tejida entre sus líneas una feroz crítica al régimen franquista.

Cuando se planteó cuál metodología aplicar para recabar las recetas y las historias por incluir en esta compilación, se decidió lanzar una convocatoria en redes sociales digitales y así facilitar la participación de gente no cercana al círculo de familias y amistades de las editoras, y dar acceso a miembros de la comunidad del exilio residentes de todos los estados de la República mexicana. La respuesta obtenida rebasó con creces las expectativas, ya que se recibieron 130 recetas. Sesenta familias —que llegaron recién acabada la guerra civil, o décadas más tarde después de recorrer otros países, o que, incluso, habían llegado a México antes de la guerra, pero que prestaron su apoyo a sus compatriotas exiliados— permitieron entrar «hasta sus cocinas» al compartir fotografías, anécdotas y momentos emotivos en torno a sus platillos favoritos.

Es así que este libro reúne recetas de familias originarias de localidades ubicadas en casi todas las comunidades autónomas españolas (Coruña, Segovia, Roquetas, Gandía,

---

[13] Concepción Ruiz-Funes y Enriqueta Tuñón, *Palabras del exilio 2. Final y comienzo: el Sinaia*, México, Instituto Nacional de Antropología e Historia, Secretaría de Educación Pública, Librería Madero, 1982.

[14] Angelines Dorronsoro, pasajera del Sinaia, en Concepción Ruiz-Funes y Enriqueta Tuñón, *ibidem*, p. 115.

[15] Publicado en Barcelona por Quintilla Cardona y Cía. Existe una edición más reciente: Ignacio Doménech, *Cocina de recursos (Deseo mi comida)*, Gijón, Trea, 2011.

Madrid, Inca, Pozo Cañada, Xátiva, Sopellina, Barcelona, Málaga, Jaén, Zaragoza, Huelva, Gijón, Murcia, Lérida, Navalperal de Pinares y San Sebastián, entre muchas otras), y cuyos descendientes residen actualmente en Veracruz, Tampico, Atlixco, Guadalajara, Xalapa, Mérida, Puebla, Campeche, Hermosillo, Cuautla, Cuernavaca, Oaxaca, León y la Ciudad de México, entre otros.

Antes de iniciar la campaña de solicitud de recetas en redes sociales (Facebook, Instagram y WhatsApp), se había elaborado una base de datos con aquellas recetas que se consideraban fundamentales para un recetario de gastronomía española; platos con una presencia contundente en el paladar y en los corazones de la comunidad, y que son, por ello, el «esqueleto» de esta obra. Aunque parezca increíble, al revisar el material compartido por las familias, resultó que figuraban casi todas las recetas incluidas en la lista inicial, a excepción de una fundamental: la tortilla de patata, la reina de la cocina ibérica.

No obstante, sí llegaron dos anécdotas protagonizadas por la amada tortilla. Existen en la memoria colectiva de los exiliados innumerables leyendas sobre lo ocurrido durante las travesías que protagonizaron sus madres, padres, abuelos, abuelas, tíos y tías para llegar a México, que se repiten en reuniones de Navidad y Año Nuevo o cada vez que se comparte la sobremesa. En una de dichas sobremesas, alguien contó que sus abuelos habían sido de los primeros en llegar a Veracruz desde Francia y que, mientras resolvían en el puerto cómo iniciar su vida en México, decidieron recibir a los compatriotas que iban llegando con un pincho de tortilla recién hecha. Durante otra sobremesa, alguien recordó que en una casa de la Ciudad de México habían hecho tortilla de patata, y que la madre de familia quiso compartirla con el jardinero que trabajaba con ellos: «¿Quiere usted un pedacito de tortilla?», a lo que el jardinero respondió: «Híjole, deme al menos una entera…». Aparte de ambas anécdotas, nadie envió recetas de tortilla, por lo que se decidió «meter la cuchara» y se incluyó una receta propia.

En este recetario no están incluidas todas las recetas que actualmente cocinan en México los descendientes del exilio español ni representan la única manera correcta de cocinar estos guisos, pero todas las que figuran son muestra de aquellas recetas que una parte de

la comunidad del exilio español en México quiso compartir con nosotras. Por ello, estamos profundamente agradecidas con todas y cada una de las familias que nos contactaron.

En un intento de que las recetas recopiladas no perdieran presencia entre los integrantes más jóvenes de la comunidad, además del imprescindible componente nostálgico y de mirada al pasado que inunda y da vida a esta publicación, hemos querido presentar las recetas compiladas en un estilo que se ajusta a las tendencias actuales de las publicaciones gastronómicas, de acuerdo a las prácticas y estándares culinarios de vanguardia, de manera que resulten atractivas, en su imagen y lenguaje, para todas las generaciones. Por esta razón, cada uno de los guisos propuestos se cocinó siguiendo la receta original y se fotografió profesionalmente. *De la trinchera al sartén. Recetario del exilio español en México* es, así, una obra de consulta obligada y disfrute para todos aquellos profesionales y curiosos interesados en el buen comer, en la historia del exilio español en México y en seguir cocinando platillos que son parte del legado gastronómico que esta comunidad heredó al país que los recibió con los brazos abiertos.

El escritor mexicano Juan Villoro, hijo de catalán y yucateca, escribió un editorial titulado «La herencia invisible» acerca del peso de los antecedentes culinarios a la hora de saborear un platillo, el cual abría con una frase de la que este recetario es prueba:

> Una de las grandes mitologías de nuestro tiempo consiste en creer que todas las abuelas cocinaban de maravilla. Si alguien dice que el pipián viene de una lejana receta familiar, sabe más sabroso [...], los guisos de las abuelas son un acto de fe. No necesitamos pruebas para creer en ellos. Si la nueva versión de la receta no nos gusta, suponemos que un ingrediente se perdió en el camino.[16]

---

[16] Juan Villoro, «La herencia invisible», *Reforma*, México,19 de noviembre de 2021.

Villoro también resalta que «el pasado condimenta», así que seguramente todos coincidamos en frases similares a «como la tortilla de mi madre, ninguna» o «como el gazpacho de mi casa no hay otro». Además, cuando algunos de los lectores tengan este recetario en la mano dirán «en mi casa no lo hacemos así» o «mi abuela no le ponía esto...». Para evitarlo, quisimos que las recetas que contiene este libro estuvieran acompañadas del nombre y apellido de su cocinera. Se trata de guisos que son el tesoro mejor guardado de cada casa y que llevan en su título el nombre de una persona querida o de un lugar en el mundo que ocupa un sitio muy importante en nuestro corazón: las croquetas de la abuela Nati, los michirones de Rosita, los canelones de la yaya Tost, el pollo Nadal, el gazpacho manchego de Pozo Cañada, etcétera. Y son recetas que saben a hogar, de esas que se cocinan guiadas por la intuición, sin medidas («el guiso te lo va pidiendo...»), con cariño y gran esmero.

«Se compra el conejo con el chico del Mercado de San Juan por lo menos un día antes de cocinarlo...», así empieza una de las recetas que recibimos, con un dato fundamental para la preparación del platillo en cuestión. Este recetario estaría incompleto si olvidáramos que combinar y cocinar los ingredientes de la receta a preparar no es más que uno de los pasos del gran ritual que consiste en compartir la mesa con familiares y amigos. El rito comienza desde mucho antes, con la compra de los ingredientes, quizá la parte más compleja de todo el proceso, ya que todo un océano, el mismo que atravesaron los exiliados hace más de ocho décadas, sigue separando a España de México. Si bien hoy en día es fácil conseguir en México (especialmente en la capital) o comprar vía internet los ingredientes más selectos y auténticos que requiere casi cualquier platillo de la gastronomía española, hace apenas 20 o 25 años aún era complicado, y resultaba una misión casi imposible desde los años 60 hasta los 80.

¿Quién no ha volado desde España con unas ristras de chorizo asturiano, algún queso de la Mancha o unos pimientos de Padrón, escondidos en la maleta? En el territorio mexicano, la zona con mayor variedad era la Ciudad de México y, en particular, mercados como el de San Juan y diversos negocios ubicados en la calle de López, desde Arcos de Belén hasta Artículo 123, o desde San Juan de Letrán hasta Revillagigedo, zona donde se ubicó el grueso de la comunidad del exilio español en México. Cuando los exiliados que vivían en provincia visitaban la capital, también peregrinaban religiosamente a estos negocios para, por ejemplo, comprar embutidos catalanes o caracoles vivos que cocinaban a su regreso al interior del país.

La escasez de ingredientes o el elevado precio de algunos de ellos dió, asimismo, rienda suelta a la inventiva y a la imaginación para hallar sustitutos en tierras mexicanas, de modo que el sabor de las recetas originarias de España se mezcló con el sello de una convivencia que pervive y se reinventa cada vez que se cocinan. Por ejemplo, las ñoras se sustituyeron por chile morita; las tortas cenceñas del gazpacho manchego,

hechas originalmente de harina de mortejas, pasaron a ser tortillas de harina de trigo; y los callos olvidaron la guindilla para adoptar el chile cascabel.

Si bien muchas personas de la comunidad del exilio murieron sin poder (o querer) volver a España durante los últimos años del régimen de Franco, y de forma significativa después de su muerte en 1975, muchos miembros de la comunidad del exilio, especialmente las mujeres, decidieron viajar a España para conocerla por primera vez o para retomar el contacto con su tierra y sus familiares. Al regresar a España, una de las actividades fundamentales consistió en comer todos aquellos guisos que los exiliados añoraban, aunque muchas veces, al descubrir las versiones originales de las recetas que llevaban cocinando durante décadas, la experiencia resultó en decepción. Quizá su gusto ya estaba más «mexicanizado» y extrañaban un toque de chile, o quizá porque una parte de la memoria de aquellas recetas soñadas y anheladas iba unida a los recuerdos, vividos o escuchados —como dice Juan Villoro, «nada se hereda mejor que la nostalgia»—,[17] de una España muy diferente a la que ahora encontraban.

Por todo lo anterior, *De la trinchera al sartén. Recetario del exilio español en México* es una oportunidad para celebrar nostalgias compartidas, honrar la identidad colectiva y recrear un legado culinario que hay que mantener vivo.

¡Salud y buena mesa!

Maco Sánchez Blanco

---

[17] Juan Villoro, *Idem*.

RECETAS E HISTORIAS FAMILIARES

LA TORTILLA (de mi madre)

La tortilla
(nuestra receta)

PARA 6 PERSONAS

INGREDIENTES

- 1 kg de papas peladas, chascadas* y lavadas
- Sal al gusto
- Aceite vegetal, abundante
- 8 huevos
- 1 cebolla (opcional), rebanada finamente
- Aceite de oliva (abundante)
- 1 buen sartén que no se pegue

PREPARACIÓN

1. Secar muy bien las papas y agregarles sal.
2. Calentar el aceite en el sartén y añadir las papas. Dejarlas cocer a fuego bajo por 25 minutos, aproximadamente.
3. Escurrir las papas y reservar (el aceite puede servir para otros guisos).
4. Si se decide añadir cebolla, calentar un poco de aceite y freírla hasta que empiece a dorarse; luego, escurrir.
5. En un tazón, batir los huevos y agregar las papas y la cebolla escurridas; mezclar muy bien.
6. En el sartén en el que se cocinaron las papas, añadir poco aceite, verter la mezcla y cocinar de 5 a 6 minutos a fuego medio (depende de qué tan cuajada se prefiera).
7. Voltear la tortilla con la ayuda de un plato.
8. Regresar la tortilla al sartén y cocinar hasta que cuaje.

No creemos que haya en el recetario español un plato que despierte más debates que la tortilla de patata: ¿se le pone cebolla o debe ser sin cebolla?, ¿es mejor bien cuajada, medio cuajada o muy poco cuajada? Melinda la prefiere poco hecha, que el huevo inunde el plato, y sin cebolla; Maité la prefiere firme, que casi haya que usar cuchillo para comerla y con poca cebolla; y a Maco le gusta la tortilla cuajada, no seca, pero cuajada, de esas que, al ponerla sobre el pan, lo hace blandito y que tenga montones de cebolla. No hay fórmula ni receta perfecta, pero sí hay dos principios lógicos fundamentales: *1*) Cuanto más huevo y menos patatas se le ponga, más líquida será la tortilla, y cuantas más patatas haya, será más firme, y *2*) Para la versión menos cuajada, agregar la mezcla en el sartén y dejar que se cocine un minuto por cada lado. Si tu objetivo es conseguir una tortilla más cuajada, hay que darle la vuelta varias veces en intervalos de 1 minuto hasta que quede firme al tacto. Finalmente, si quieres darle algo más de cremosidad a la mezcla, añade una yema extra.

MAITÉ, MELINDA Y MACO (CDMX)

***Chasquear papas: el cuchillo se debe clavar, no muy profundamente, en las papas. En lugar de cortar en cuadros o rodajas, se deberán arrancar trocitos irregulares, provocando un chasquido (tronido).**

Volteado de la tortilla:
Colocar un plato o charola plana, un poco más grande que el sartén donde se está haciendo la tortilla; este se voltea rápidamente, de tal manera que la tortilla quede ahora en el plato. Se desliza la tortilla de regreso al sartén y se termina de cocinar al grado que se prefiera.

LAS CROQUETAS (de mi abuela)

Las de jamón y pollo (o de atún) de la abuela Nati Mozo Arocena

INGREDIENTES

- 1 barra y cuarto de mantequilla
- 2 cucharadas soperas copeteadas de harina
- 2 l de leche al tiempo
- 3 cucharaditas de consomé de pollo en polvo
- 300 g de pollo y 300 g de jamón, bien picaditos y mezclados, o 600 g de atún, en conserva, escurrido
- 4-5 huevos para capear
- 2-4 tazas de pan molido
- ½ taza de harina (para el capeado)
- Aceite de oliva

PREPARACIÓN

1. Fundir la mantequilla y agregar la harina, la leche y el consomé al mismo sartén. Agitar hasta lograr una mezcla uniforme, después agregar el pollo y el jamón (o bien, el atún). Una proporción que nos funciona muy bien es que por cada litro de leche, se utilicen 100 g de harina y 100 g de mantequilla.
2. A fuego medio, revolver la preparación con una cuchara larga de madera, durante un tiempo considerable (hasta 2 horas). Cuando, al pasar la cuchara, se haga un caminito sin que este desaparezca de inmediato, la pasta de las croquetas estará lista.
3. Poner la pasta en un refractario y tapar con plástico la mezcla para que no se reseque. Dejarla reposar toda una noche en el refrigerador.
4. Al día siguiente, hacer a mano todas las croquetas (se pueden usar 2 cucharas para apoyarse), pasarlas por huevo y pan molido, y freírlas en aceite de oliva sobre un sartén (freír únicamente las que se vayan a comer ese día).
5. El resto de las croquetas se pueden congelar para ser consumidas en otra ocasión.

Nati con sus hijos, Ricardo y Milagros, en la CDMX, circa 1944.

Abuela Nati.

Natuca, Natividad Mozo Arocena, nació en Santander un 12 de diciembre. De pequeña estuvo en un orfanato al lado de sus hermanos en San Lorenzo de El Escorial. Bajo la educación de las monjas, aprendió canciones y refranes que nunca olvidó, incluyendo una canción que ordenadamente nombraba a los reyes godos, y que compartió y cantó a los hijos, los nietos y los amigos.

Estaba estudiando Filosofía y Letras cuando estalló la guerra civil, lo que la hizo dejar la carrera y entrar a trabajar en Telégrafos, primero en Madrid y más tarde en Lérida. Fue en Lérida donde conoció a quien sería su esposo, Ricardo Lassala Orts. El abuelo, quien era ingeniero mecánico y telegrafista de profesión, nació en Gandía, Valencia. Al estallar la guerra, cruzó hacia Francia por Cataluña, fue capturado y llevado a un campo de concentración, de donde escapó poco después. En 1939, Ricardo y la abuela Nati se embarcaron en el Statendam, que salió desde Boulogne sur Mer y llegó a Nueva York, para más tarde llegar a la Ciudad de México en autobús. Nati llegó embarazada de su primogénito, nuestro padre Ricardo Lassala Mozo, quien nació el 19 de enero de 1940, el primer Lassala nacido en el exilio.

Posteriormente, mis abuelos procrearon cuatro hijos más: María del Milagro, Enrique, Eduardo y Carlos, a quienes se sumaron diez nietos y varios bisnietos. De pequeños, en cuanto llegábamos a su casa, la abuela Nati nos acicalaba a todos los nietos peinándonos con loción de bebé y nos regalaba barras de chocolate —que nunca faltaban en su alacena—. Con los muchos refranes que aprendió de niña con las monjas, grandes y pequeños la disfrutamos en las comidas familiares, que siempre fueron motivo de reunión y convivencia. Fue una persona con un carácter extraordinario: fuerte, alegre, generosa y muy cantadora. Es querida y recordada como una gran esposa, madre, abuela y amiga.

Ricardo Carlos Lassala Irueste (Montreal, Canadá)
y Arantza Lassala Irueste (CDMX)

Las de bacalao
de Encarnita Tagüeña Lacorte

INGREDIENTES

• 400 g de bacalao • 2 cucharadas soperas llenas de harina • ½ taza de leche • Aceite abundante • Pan rallado abundante • 2 huevos • 125 g de mantequilla • Pimienta blanca molida

PREPARACIÓN

Se pone un sartén (grande) a la lumbre poniendo en él la mantequilla. Cuando está fundida se añade la harina dejándola rehogar un poquito en la mantequilla. Se tiene la leche cocida y en caliente se va echando en el sartén poco a poco, moviendo con viveza para que no se formen grumos. Dejar hervir unos 20 minutos para que no sepa la harina a crudo, moviendo todo el tiempo. El bacalao lo hemos puesto a remojar unas 12 horas. Se coloca una cacerola a la lumbre con agua con el bacalao, dejándole dar un hervor de unos 8 minutos. Se retira del fuego, se deja enfriar un poquito en la misma agua, se quitan la piel y las espinas desmenuzándolo menudito. Una vez así, se une a la bechamel probándolo por si hay que rectificar de sal, se le añade la pimienta y se deja enfriar en una fuente plana. Cuando se enfríe, se forman las croquetas pasándolas primero por el huevo batido, después por el pan rallado. A la lumbre se pone un sartén (más bien hondo) con el aceite abundante. Cuando está bien caliente se le quita el gusto con pan mojado en vinagre, friéndose las croquetas sacándolas a un colador de fritos para que queden sin nada de aceite, procurando que salgan de bonito color. Se sirven en fuente con servilleta en caliente.

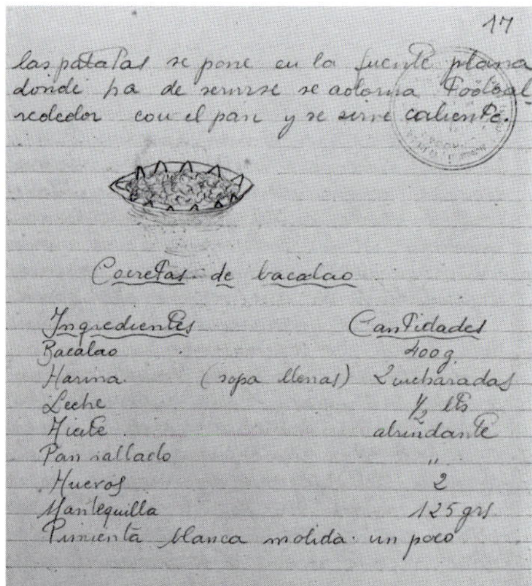

17

las patatas se pone en la fuente plana donde ha de servirse se adorna todo al rededor con el pan y se sirve caliente.

Croquetas de bacalao

Ingredientes		Cantidades
Bacalao		400 g.
Harina	(sopa llenas)	2 cucharadas
Leche		½ lt.
Aceite		abundante
Pan rallado		"
Huevos		2
Mantequilla		125 grs
Pimienta blanca molida		un poco

18

Modo de hacerlo

Se pone una sartén a la lumbre (grande) poniendo en ella la mantequilla. Cuando está fundida se echa la harina dejándola rehogar un poquito en la mantequilla. Se tiene la leche cocida y en caliente se va echando en la sartén poco a poco moviendo con viveza para que no se hagan grumos dejándole hervir unos 20 minutos para que no sepa la harina a crudo moviendole todo el tiempo.
El bacalao lo hemos tenido a remojo unas 12 horas. Se pone una cacerola a la lumbre con agua con el bacalao dejándole dar un hervor de unos 8 m. Se retira del fuego se deja enfriar en el misma agua un poquito se quita la piel y espinas desmenuzándole menudito. Una vez así se une a la bechamel probándolo por si hay que rectificar de sal, se le añade la pimienta y se deja enfriar

Receta manuscrita de Encarnita, cárcel de Ventas, Madrid, 1946.

Mi tía Encarnita me heredó unas fotocopias de un libro manuscrito con las recetas que aprendió («la obligaron a aprender») en la Cárcel de Ventas, en Madrid, en 1946. Son 120 fotocopias no muy claras, que llevan en una esquina el sello con el yugo y las flechas de la Falange que le ponían a la tía como demostración de que había cumplido con la tarea. Es enternecedor observar en cada una de ellas el dibujo con el que Encarnita acompañaba cada receta. Cabe mencionar que a la tía no le gustaba cocinar, seguramente a consecuencia de su estancia en la cárcel. Lo único que hacía, y de manera exquisita, era el arroz con leche y la tortilla de patatas.

Encarnita Tagüeña Lacorte, circa años 70.

La tía Encarnita estaba orgullosa de haber estado en la cárcel dos veces «por méritos propios», y no debido al hecho de que su hermano Manuel Tagüeña, mi padre, había sido un destacado elemento del ejército republicano. Las dos veces que Encarnita estuvo internada en la Cárcel de Ventas fue porque ella y su madre, Encarnación Lacorte, atendieron en su propia casa a un grupo de niños abandonados y dieron cobijo a otro de guerrilleros. Además de pasar por la cárcel, a mi tía y a mi abuela las desterraron de Madrid, y luego partieron a vivir a Alicante, donde Encarnita obtuvo su título como profesora.

Tras el fallecimiento de mi abuela paterna, Encarnación, Encarnita y su hija llegaron a México a principios de la década de los sesenta, reclamadas por mi padre y mi madre, Carmen Parga, una gallega que fue presidenta de la Agrupación del PSOE (Partido Socialista Obrero Español). Mis padres habían llegado a México en 1955 procedentes de Checoslovaquia, hoy República Checa, tras un periplo por Rusia —donde yo nací— y la antigua Yugoslavia. Ya en México, Encarnita trabajó en el Instituto Luis Vives, en el Colegio Español de México, y durante 25 años dirigió la Primaria del Colegio Ciudad de México, todas ellas instituciones vinculadas al exilio. Ya jubilada y hasta que cumplió 92 años, colaboró como voluntaria en Casa Alianza, una fundación de asistencia infantil.

Carmen Tagüeña Parga (CDMX)

Las de carne
de Pilar Álvarez Neila

INGREDIENTES

•¼ kg de carne de res fileteada •Aceite •Pan molido •3 huevos •4 cucharadas copeteadas de harina •1 l de leche •Sal y pimienta al gusto

PREPARACIÓN

Sazonar la carne en agua con sal y pimienta al gusto durante media hora o 45 minutos, y deshebrarla finamente. Reservar. Añadir seis cucharadas de aceite en un sartén, calentar, agregar la harina y revolver bien con el aceite (de preferencia con una cuchara de madera). Añadir la carne y verter la leche poco a poco, moviendo constantemente la mezcla para que no se pegue; añadir sal al gusto y esperar a que espese sin secarse completamente. Vaciar la mezcla en un plato grande y dejar enfriar bien. Con las manos, hacer las croquetas en forma alargada; cubrirlas con pan molido, luego con huevo batido y otra vez con pan. Freír las croquetas en aceite y servirlas.

Familia Neila y compatriotas a bordo del vapor Cuba rumbo a México, circa años 40.

Es un platillo que nos encanta y lo comemos cualquier día. La receta es herencia de mi abuela, María Pilar Álvarez Díaz, quien se la pasó a mi madre, Pilar Neila Álvarez, y ella a mí y a sus nueras, que también la siguen cocinando, aunque uno de mis hermanos dice que la preparación de mi abuela era la mejor. Quizá sea algo de nostalgia porque no le hemos hecho cambios y seguimos fieles a lo que nos enseñaron.

La familia Neila es originaria de Santander. Mi madre, mi abuela y mi tío llegaron a Bayona, Francia, en el barco Vauquois. Mi abuelo, Manuel Neila, decidió quedarse en España y seguir en el frente para defender Santander, y después Valencia y Barcelona, ya que tenía un cargo en la policía republicana. Más tarde, mi abuelo los alcanzó en Francia donde vivieron tres años. Se presentó la oportunidad de exiliarse en Santo Domingo, República Dominicana, pero a la hora de abordar el barco, solo mi abuelo pudo subir, porque al resto de la familia les faltaba un sello. Mi madre decía que jamás había olvidado aquella despedida.

Finalmente, mi madre, mi abuela y mi tío llegaron a México procedentes de Burdeos, a bordo del vapor Cuba. El destino inicial era República Dominicana, pero el dictador dominicano Leónidas Trujillo no admitió a los pasajeros, por lo que, sin llegar a desembarcar, el barco tuvo que partir hacia la Martinica, donde esperaron hasta que el presidente mexicano Lázaro Cárdenas aceptó su desembarco en el puerto mexicano de Coatzacoalcos. Mi abuelo, que ya residía en Santo Domingo, llegó a México —gracias a la intervención directa de Miguel Alemán Valdés, Secretario de Gobernación, a quien le conmovieron las lágrimas de mi madre— después de pasar por Cuba, y la familia se estableció finalmente en Oaxaca.

María del Pilar Álvarez Neila (Monterrey, Nuevo León)

Pilar Neila Álvarez y sus hijos en su 90 cumpleaños, México, 2013.

LA EMPANADA Y LA COCA

Empanada de hojaldre
de Maricarmen Mahojo Menéndez
y su amiga Amparo González

PARA 6-8 PERSONAS

INGREDIENTES

- 1 vaso pequeño de aceite de oliva (½ taza)
- 2 dientes de ajo
- 1 pimiento rojo, sin semillas
- 2 o 3 jitomates saladet, grandes y maduros
- 4 latas de atún de 80 g cada una (si el atún es español, queda muy buena)
- 200 g de jamón de pierna tipo York, picado en cuadros pequeños
- 1 taza de aceitunas verdes sin hueso, picaditas
- Sal y pimienta
- 300-400 g de pasta hojaldrada
- Harina para extender la pasta de hojaldre
- 1 huevo entero para barnizar
- 2 cebollas

PREPARACIÓN

1. Precalentar el horno a 180 °C
2. Picar el ajo, la cebolla, el pimiento y el jitomate para hacer un sofrito.
3. En un sartén, calentar el aceite de oliva, agregar la cebolla hasta acitronar y el resto de las verduras picadas. Cocinar hasta obtener una pasta. Sazonar con sal y pimienta y dejar enfriar.
4. Agregar el atún escurrido al sofrito, y revolver muy bien.
5. Agregar el jamón y las aceitunas picadas al sofrito con atún, y mezclar.
6. Dividir la pasta hojaldrada en dos partes (superficie y cubierta).
7. Palotear una parte de la pasta sobre una superficie enharinada (que no quede muy delgada) y colocarla en el molde o la charola.
8. Distribuir generosamente el sofrito (vigilar que no suelte mucha agua) sobre la masa.
9. Palotear la otra mitad de pasta para cubrir la empanada.
10. Cubrir y cerrar los bordes, presionar con los dedos (o con un tenedor) hasta que ambas partes queden pegadas.
11. Pincelar la cubierta con el huevo.
12. Hacer tres pequeños cortes a la cubierta antes de meter al horno.
13. Hornear durante 30 o 35 minutos.
14. Servir. Se puede comer fría o caliente, pero es más consistente fría.

La empanada de atún es relativamente fácil de cocinar, sobre todo cuando le tienes el punto al hojaldre; recomiendo varios ensayos. El éxito dependerá de que el sofrito no suelte mucha agua, para que el hojaldre logre cocerse y que la mezcla final con todos los ingredientes evoque algo delicioso.

Esta receta la oí a dos voces, la de mi suegra María del Carmen Isabel Mahojo Menéndez, nacida en Gijón, y la de su amiga Amparo González, la querida Pinky, también asturiana y madrina de Carlos, mi marido. Estábamos en el cuarto de costura, aquella habitación de la casa era el lugar en el que Maricarmen y Pinky pasaban las tardes después de las comidas; todos los días, sin falta, Pinky tejía, Maricarmen cosía y una o dos mujeres más, bordaban. Los que llegábamos por ahí nos maravillábamos y reíamos con las historias que en tono asturiano intercambiaban entre ellas. Con timidez pregunté un día por la receta del hojaldre. Inmediatamente discutieron el procedimiento correcto y, casi al mismo tiempo, coincidieron en dirigirse a mí y decirme: «¡Mujer, es muy fácil!». Creo que me dieron confianza, pues me convertí en una buena hacedora de empanadas, aunque todavía estoy lejos de superar a mis queridas maestras.

Lourdes Guzmán Pizarro (CDMX)

Familia Taibo Mahojo en la Ciudad de México, circa años 60.

Empanada gallega
de Ángela Aznar Nagusía

Le pedí a mi abuela, Ángela Aznar Nagusía, originaria de La Coruña, que me enseñara a hacer su receta de empanada gallega y, como ella, la hago para comidas familiares o fiestas con mucha gente. Si se corta en cuadritos, se puede comer con las manos. En 1939, mi abuela llegó al «cuatro veces heroico» puerto de Veracruz, en la bodega del barco SS Flandre desde Saint Nazaire, Francia. Ángela llegó acompañada de su marido, Julio Berdegué Baldor, nacido en Santander —uno de los médicos destinados al frente de Barcelona y uno de los responsables de sacar a los heridos desde España a Francia, a través de los Pirineos—, y de sus hijos: Julio, mi tío, y mi madre, Mercedes, nacidos en Madrid y que apenas eran unos niños.

José Miguel Elorriaga Berdegué (CDMX)

PARA 6-8 PERSONAS

INGREDIENTES

PARA LA MASA: •1 taza de vino blanco •1 taza de aceite de oliva •3 tazas o más de harina •½ cucharadita de sal. PARA EL RELLENO: •1 ½ taza de tomate frito hecho en casa •3 latas de buen atún en conserva, escurrido •2 pimientos grandes asados, desvenados y cortados en cuadritos •1 taza de aceitunas picadas •2 huevos duros picados •1 huevo batido para barnizar la masa

PREPARACIÓN

PARA LA MASA: En un tazón grande, mezclar los líquidos e ir agregando, poco a poco, la harina y la sal. Amasar con la mano hasta que no se pegue a los dedos y se pueda extender con un rodillo; separar en dos partes. PARA EL RELLENO: Extender la mitad de la masa y, con ella, forrar un refractario o una charola grande. Poner sobre el fondo una capa de tomate. Extender el atún sobre el tomate. Extender los pimientos asados encima del atún. Colocar las aceitunas como siguiente capa. Añadir el huevo sobre las aceitunas y, finalmente, cubrir con el tomate. También se pueden mezclar todos los ingredientes y echarlos sobre la masa. Extender la masa restante para cubrir totalmente y presionar bien los bordes para cerrarla. Barnizar la empanada con el huevo batido y picar con un tenedor tres o cuatro veces con el fin de hacer un efecto chimenea y que salga el vapor. Meter al horno por 30 minutos o hasta que la masa se dore. Sacar del horno, dejar enfriar y cortar en cuadrados.

Ángela Aznar y sus hijos, Francia, 1939.

Los hermanos Julio y Mercedes Berdegué Aznar en la Ciudad de México, circa años 40.

Nuestra receta

NOTA DE AUTORAS:
Nuestra recomendación es una variante de la masa y el relleno.

INGREDIENTES

• 3 latas de buen atún en conserva, escurrido • 2 pimientos grandes asados, desvenados y cortados en cuadritos • 3 cebollas picaditas • 3 dientes de ajo • 1 cucharada de pimentón • 1 ½ taza de jitomate, picadito y crudo • Sal y pimienta

PREPARACIÓN

En una olla, calentar el aceite de oliva (necesario para la masa), acitronar la cebolla y el ajo; agregar los pimientos, añadir una cucharada de pimentón, freír unos instantes y añadir el jitomate. Cocinar todo a fuego bajo durante 40 o 45 minutos. Sazonar con sal y pimienta. Colar y reservar tanto el relleno como el aceite. Dejar enfriar. Una vez frío el aceite, proceder a hacer la masa como se indica arriba. Extender la mitad de la masa, verter el relleno (ya con todos los ingredientes, incluidos el atún, las aceitunas y el huevo duro). Extender la otra mitad y cubrir; cerrar muy bien todo el borde, barnizar y hacer un agujero en medio (a modo de chimenea). Hornear, retirar y disfrutar.

La coca de Maruchi
(y nuestra titaina, cocots y pepitos)

INGREDIENTES

- ½ kg de harina
- 150 ml de aceite de oliva
- 150 ml de cerveza helada
- 1 cucharadita de sal

PREPARACIÓN

1. Mezclar la harina, el aceite y la cerveza en un tazón y amasar. También se puede utilizar el procesador de alimentos, colocando la harina en el tazón y, con la máquina encendida, añadir el aceite y la cerveza hasta integrar todos los ingredientes; debe quedar una masa tersa y suave.
2. Cubrir y dejar reposar.
3. Extender la coca sobre una superficie ligeramente enharinada y colocarla sobre una charola engrasada.
4. Cubrir la masa con el relleno (titaina).
5. Hornear durante 25 o 30 minutos a 180 °C.
6. Retirar del horno, cortar y servir.

Hace unos años, después de la muerte de nuestra yaya, Isabel Ridaura Sanz, nuestra mamá (Isabel Ortega Ridaura) se fue a Xátiva a pasar unos días con su tía abuela, Maruchi Sanz Pérez. A su regreso trajo muchas recetas, y una de ellas fue la que ahora llamamos «falsa pizza», aunque en España se le dice coca o torta, una receta que Maruchi solía hacer con el relleno que sobraba al hacer cocots (empanaditas).

La coca es una receta muy popular en Valencia y Castellón; es una especie de empanada abierta, hecha de una masa crujiente, a la cual se le suele poner como base un guiso de tomate, cebolla y pimiento, pero acepta casi cualquier ingrediente tanto dulce como salado. Mi mamá la prepara con un guiso de chuleta que lleva pimiento y tomate, pero la más tradicional y la que Maruchi le enseñó es la que lleva un guiso con atún y pisto valenciano, conocido como titaina. Lo tradicional es usar «tonyina de sorra», que es la barriga del atún fresco, pero si está enlatado también queda muy rica.

Maruchi llegó a México en 1949, por La Habana. Tenía 18 años y quería escapar de la cruel situación de la posguerra, así que vivió varios años con su hermana mayor, nuestra bisabuela Cecilia, y su esposo, Vicente, quienes ya estaban bien establecidos en Tampico. Maruchi estudió la preparatoria en Tampico y después pasó un tiempo en la Ciudad de México como estudiante de Psicología. Más tarde, regresó a su Xátiva natal, donde falleció a los 92 años.

Ana Cecilia y Camila Araiz Ortega (Boca del Río, Veracruz)

Maruchi Sanz, Xátiva, 2022.

La titaina

INGREDIENTES: •½ taza de aceite de oliva •2 pimientos verdes, picados y sin semillas •2 pimientos rojos, sin semillas y picados •4 dientes de ajo, pelados y picados •6 jitomates, pelados y picados •2 cucharadas de piñones blancos, ligeramente tostados •2 latas de atún en aceite •1 manojo de perejil lavado y picado •Sal

PREPARACIÓN: En un sartén, calentar el aceite y freír los pimientos hasta suavizar. Agregar el jitomate; freír hasta que espese y quede ligeramente seco. Agregar los ajos y freír. Incorporar el atún y revolver. Añadir los piñones y el perejil. Sazonar con sal.

Cocots

INGREDIENTES: •2 tazas de harina •¼ de taza de aceite •Cerveza helada •Sal •1 huevo (para barnizar) •1 cucharada de leche (para barnizar) •Titaina

PREPARACIÓN: En un tazón, verter la harina, el aceite y la cerveza, amasar y extender. También se puede utilizar el procesador de alimentos, colocando la harina en el tazón y, con la máquina encendida, añadir el aceite y suficiente cerveza hasta obtener una masa tersa. Cubrir y dejar reposar. Sobre una superficie enharinada, extender y cortar la masa en círculos. Colocar suficiente relleno (titaina), una cucharada aproximadamente (dependerá del tamaño de los círculos). Doblar y pegar con agua; luego, unir con un tenedor o con dobleces. Mezclar el huevo con la leche y barnizar los cocots. Meter en un horno precalentado a 175 °C durante 20 o 25 minutos. Retirar del horno y disfrutar.

Pepitos

INGREDIENTES: •8 bolillos o teleras partidos a la mitad (enteros si son pequeños) •1 o 2 tazas de leche •2 huevos batidos •Aceite para freír •Titaina

PREPARACIÓN: Hacer un agujero en cada uno de los lados del pan, retirar y reservar el migajón. Rellenar cada panecillo de titaina y tapar con un poco del migajón reservado. Remojar en leche hasta que se empape y pasarlo por huevo batido. Freír en aceite hasta que se dore; eliminar el exceso de grasa sobre papel de cocina y servir.

EL GAZPACHO (en mi casa...)

El gazpacho
de Dolores Brossoise Molina y Gloria Fernández Brossoise

PARA 4 PERSONAS

INGREDIENTES

- 5 jitomates medianos, troceados
- 1 cebolla chica, en trozos
- 1 diente de ajo pelado
- 1 pimiento rojo (o verde, si lo prefieres) sin semillas, en trozos (opcional: reserva un poco para adorno)
- 1 pepino mediano, pelado, en trozos (opcional: reserva un poco para adorno)
- 2-3 cucharaditas de vinagre de Jerez
- ½ taza de aceite de oliva
- 1 trozo de pan duro (puedes sustituirlo por 15 almendras, peladas y doradas en un sartén)
- 1 cucharadita de sal
- ¾ de taza de agua

PREPARACIÓN

1. Moler todos los ingredientes en la licuadora; si está muy espeso, agregar un poco más de agua, pero cuidar de no aguadarlo mucho.
2. Colar y dejar enfriar un par de horas.
3. Ajustar de sal, aceite de oliva y vinagre.
4. Adornar el plato con un poco de la verdura picada finamente y un chorro de aceite de oliva.

NOTA: En caso de querer evitar colar el gazpacho, se deben pelar los jitomates previamente, sumergiéndolos en agua hirviendo por un minuto.

Esta receta de gazpacho andaluz la hacían mi madre y abuela desde que vivían en España, y yo aprendí a hacerla de ellas, desde niña.

Mi madre, doña Gloria Fernández Brossoise, era modista, nacida en Linares, Jaén, y se casó con mi padre, el conocido profesor y compositor de música del exilio español don Marcial Rodríguez González, nacido en Peñarroya, Córdoba, quien fue fundador del Centro Andaluz y de la Sociedad de Autores y Compositores de México. Mis padres, mi abuela materna María Dolores Brossoise Molina, mis hermanos Marcial, Alicia y yo, que habíamos nacido en Madrid, llegamos a Veracruz, México, desde Burdeos, Francia, el 7 de julio de 1939, en el vapor Ipanema. Sobre el barco, mi madre contaba que «hacía tanto calor ahí dentro, en los dormitorios, que muchos preferimos subir las colchonetas a cubierta para descansar al aire libre». Mi hermana menor, Azucena, nació ya en México.

Mis hermanas y yo estudiamos en el Colegio Madrid y después en el Instituto Luis Vives, donde mi padre fue profesor de Historia de la Música. También desde pequeñas comenzamos a trabajar en el Teatro Infantil de Bellas Artes. Después seguimos trabajando en teatro profesional, cine y televisión. Mi padre organizó diferentes giras musicales por Estados Unidos para mostrar el folclor español en las cuales contó con la ayuda de sus tres hijas, y también participamos en la inauguración del Teatro Mayan de Los Ángeles, California, Estados Unidos. Marcial Rodríguez González fue autor de la música y la letra de los himnos, tanto del Colegio Madrid como del Instituto Luis Vives, y autor de la letra del Himno Republicano Español que, hoy en día, se sigue cantando en los colegios españoles de México.

Gloria Rodríguez Fernández de Álvarez (CDMX)

Profesor Marcial Rodríguez González.

María Luisa Capella, Gloria Rodríguez y Carmen Tagüeña, Ateneo Español de la Ciudad de México, 2014.

LOS HUEVOS RELLENOS

Los mimosa
de María-Ana Migallón Ordóñez

INGREDIENTES

• 12 huevos cocidos y pelados • 200 g de jamón cocido (puede ser mitad cocido y mitad serrano), picadito • 2 tazas de mayonesa ligera casera (no muy espesa)

PREPARACIÓN

Cortar los huevos por la mitad (a lo largo) y retirar las yemas procurando no romper las claras. Colocar las claras en un tazón (el hueco hacia arriba) y rellenar con el jamón picado. Con un rallador, rallar las yemas y esparcirlas por encima del jamón. Colocar una cucharadita de mayonesa (o más, según tu gusto) por encima de las yemas ralladas.

María-Ana Migallón en el parque Sullivan de la Ciudad de México, a finales de los años 40.

Mi madre, María-Ana Migallón, era una mujer manchega originaria del Campo de Montiel, que tras enormes vicisitudes y dos destierros (Barcelona y Francia), eligió el tercero, México, para reunirse con sus hijos y su esposo, Francisco Serrano Pacheco, que ya ejercía cargos de relevancia en la embajada de la república española. Mi padre, abogado malagueño, fue destinado en 1926 como juez a Villanueva de los Infantes, donde conoció y se casó con mi madre. Mi padre llegó a México en el Nyassa, en mayo de 1942, y mi madre, junto con mis hermanos, se reencontró con mi padre en 1944; después de mes y medio de viaje, incluidos 15 días en un campo de concentración en La Habana, lograron llegar a México. Yo nací un año después, en México, en 1945: me llevaba 19 años con mi hermana mayor, 11 con el más pequeño, que nació cuando empezó la guerra. Soy el único mexicano de toda una familia manchega.

A mi madre le encantaba entrar en la cocina y experimentar. Uno de sus platos era la tortilla tricolor, que consistía en tres tortillas superpuestas: una de espárragos verdes, otra de patata y una tercera de pimientos rojos, y al cortarlas verticalmente quedaban bien patentes los tres colores verde, blanco y rojo. En la casa se hacían también recetas manchegas, sobre todo cuando había fiesta. Recuerdo especialmente las de cochura, que son esos postres fritos que se hacen en La Mancha, los roscos de anís, las torrijas y los nuégados.

Cuando fui por primera vez a España, en los setenta, me di cuenta de que ya no se hacían muchas de esas recetas. Aunque en mi casa se comía mucha comida manchega, también se cocinaba comida mexicana que a medida que pasaron los años fue ganando terreno en la mesa. Al morir mi madre, entre las cosas que dejó estaba su libro de recetas. Cuando lo encontré hacía poco que había leído un artículo del filósofo español Fernando Savater en el que decía que «los emigrados cambian más fácilmente de dioses que de comida». Ahí me surgió la idea de convertir la historia del exilio de mi madre en un recetario al que titulé *Recetas manchegas de doña María-Ana*. En este libro, ejemplo claro del mestizaje gastronómico, las primeras recetas que aparecen son manchegas: berenjenas en escabeche, galianos, duelos y quebrantos, pisto manchego, torta de manteca y enaceitados, perrunas, madalenas, tortas de mosto, tarta de almendra, cordero en caldereta, morteruelo, perdices en escabeche. ¡La Mancha en un libro de cocina!; después empiezan a aparecer pastas, canelones y otros platos que hablan sin saberlo del exilio familiar en Cataluña. Y luego están las recetas que mi madre recogió en México. De un lado, las que le contaron sus amigas emigradas; y por otro, las mexicanas.

FERNANDO SERRANO MIGALLÓN

NOTA DE AUTORAS:
Este testimonio es un extracto de dos entrevistas concedidas por Fernando Serrano Migallón a la Academia de Gastronomía de Castilla-La Mancha y al periódico *La Tribuna de Ciudad Real*, en el verano de 2022.

PATATAS Y SALSAS

Patatas picantes
de Josefa Fuertes Ferrer

INGREDIENTES

• 5 papas medianas • Ramas de perejil, picado finamente (al gusto) • 5 dientes de ajo, picado finamente • Chile serrano, picado finamente (al gusto) • Aceite de oliva (al gusto) • Vinagre de vino (al gusto) • Sal (al gusto)

PREPARACIÓN

Hervir las papas con piel, dejarlas enfriar y pelarlas. Cortar las papas cocidas en pedazos medianos y colocarlas en un recipiente. Añadir el perejil, ajo, chile, aceite, vinagre y sal. Mezclar y dejar reposar unos minutos antes de servir.

Paco, Pepita, una amiga, Chucho e Irma, Ciudad de México, años 60.

Esta receta la preparaba mi abuelo como tapa en el bar que tenía dentro del barrio antiguo de Barcelona. Mi madre la aprendió de él y me la enseñó. Las patatas picantes pueden servirse como botana, pero mi madre las solía hacer como ensalada, principalmente los domingos. La receta original lleva guindillas en lugar de chile serrano, la modificación se debió a que en México no se consiguen las guindillas tan fácilmente.

Chucho y Paco Calahorra Garrido, México, años 60.

Mis padres, Josefa Fuertes Ferrer y Francisco Calahorra Garrido, afiliados ambos al Partit Socialista Unificat (PSU) de Cataluña, llegaron a México a finales de los cincuenta, provenientes de Barcelona, en busca de mi tío, Jesús Calahorra Garrido, que vino a México a bordo del Mexique como parte del programa «Los Niños de Morelia» en 1937, cuando tenía 11 años. Mi abuela solamente había enviado a su hijo mayor al exilio, tal vez pensando que mi padre, de nueve años, era aún pequeño o quizá porque no quería perder a sus dos hijos. Mi abuelo, obrero del ferrocarril, desapareció durante la guerra.

Mi tío estuvo en el internado de Morelia hasta que cumplió 16 años, cuando tuvo que salir de allí con todas sus pertenencias en una caja de cartón. Al salir, una familia del estado lo llevó a vivir con ellos. Supongo que, en algún momento, a través de la familia moreliana, mi padre y mi tío entraron en contacto y cuando la abuela murió, mi padre vino a México para reencontrarse con su única familia, su hermano, quien lo ayudó a buscar trabajo. Una vez instalado, vino mi madre. Mi tío tuvo una primera esposa veracruzana y una hija, después se casó con una tabasqueña y tuvo 2 hijos. Cuando éramos pequeños, las familias vacacionábamos juntas cada año, e incluso nos acompañaba su hermano moreliano Paulino.

Oscar Calahorra Fuertes (Veracruz, Veracruz)

El alioli
de Maruchi Sanz Pérez

INGREDIENTES

• 1 diente de ajo, pelado y picado • 1 huevo entero, fresco y a temperatura ambiente
• 1 pizca de sal • Aceite de girasol, el necesario (aproximadamente ½ l)

PREPARACIÓN

En el vaso de la licuadora, colocar el ajo y moler a baja velocidad. Agregar el huevo y la sal. Con la licuadora andando, verter poco a poco el aceite hasta que se escuhe que cambia el sonido de la licuadora (recuerda al sonido de un sapo croando). Rectificar de sal y ajo. Recordatorio: la salsa caduca en 2 días.

No conocí a mi bisabuela Cecilia, valenciana, pero sé que ella hacía el alioli a mano en un mortero de madera, en su casa de Tampico. Con la mano del mortero, machacaba los ajos pelados hasta convertirlos en una pasta, ponía sal al gusto, echaba una yema de huevo, 4-5 gotas de agua (su toque mágico) y lo machacaba todo. Luego añadía un hilo de aceite de oliva mientras revolvía en círculos sin parar y en el mismo sentido, hasta conseguir que tuviera el aspecto de una mayonesa. Yo lo había intentado hacer así varias veces con la ayuda de mi madre pero se nos cortaba todas las veces.

Maruchi Sanz y su sobrina Cecilia, Tampico, años 50.

En un viaje a España fui a casa de Maruchi, María Sanz Pérez, hermana menor de mi bisabuela que después de vivir unos años en México, regresó a Xátiva, Valencia, y era muy buena cocinera. Aproveché la ocasión para pedirle que me enseñara a hacer el alioli a mano. Maruchi me miró muy extrañada y me dijo que hacía siglos que ella no lo hacía así, que compraba uno en el supermercado ¡ya hecho y buenísimo!

Me quedé muy sorprendida con la respuesta de Maruchi, porque yo pensaba que ella era la única que podría guiarme para dominar esta receta que tanto me gusta. Decidí quedarme con una receta intermedia: ni la forma tan complicada de la yaya ni la compra en el súper de la tía Maruchi, y busqué la manera de hacer mi alioli con la licuadora.

Ahora soy yo quien hace el alioli cuando mi papá cocina arroz negro, cuando mi abuela hace borreta o cuando en la cena de fin de año y en el recalentado de Año Nuevo comemos embutidos de La Catalana con pan. Nadie se queja de que no sea hecho a mano.

Hiram Céspedes, un amigo tampiqueño de la familia, nos sugiere usar el molcajete y un poco de chile (serrano, chipotle o el que se prefiera) para hacer un alioli picante y a mano.

Martina López Sánchez (CDMX)

FONDO olla
(1) Cabezas etc.
aceite
cebolla
diente de ajo
perejil
1 1/2 hora

(2) EN paellera oliva
aceite
ajo muy picado
antes de que el
ajo se dore
en trozos y sin
espinas
el pescado
camarones
calamares en trocitos
Y SE REHOGA

Añade un diente
de ajo MACHACADO
en mortero con
una rama de
perejil desleído
con un poco de agua
SE CUECE TODO
UNOS MINUTOS
Se cuela (1) en
FONDO
Se echa el (2) en el (1)
se sazone con sal gotas
y azafrán. Cuando
hierva todo se
pone casi
DOBLE → 1 de AGUA
(AGUA !!)

Recetas de
Repostería
y Cocina
A. Viliesid
Paú

Tel. P.53.97.
México

"Conejo" en ajo cabañ
Se fríe en crudo desp
le pone agua ~~tanta~~ y
hasta que esté cocido.

PASTEL DE ZANAHORIA
1 kg. zanahoria rallada, 4
2 tazas de azúcar, 2 barritas
4 huevos, 2 cucharaditas royal,
horno 350 grados.

ROSQUILLAS
1 taza leche no llena,- 3
1/2 barra mantequilla, 4 cdas.
1 yema de huevo.
Mezclar todo e ir echando
punto de enrollar,
glass o del otro.

se fr
la sal
ato.
cebolla

de vino tinto o blanco
~~Se~~ en la leche por vino tinto,
igualmente que
el desay

La ensaladilla
de la amatxo Pepita Arriola Aramberri

PARA 6 PERSONAS

INGREDIENTES

• 4 papas grandes (sin pelar) • 2 zanahorias peladas • Huevos • 1 taza de chícharos (si son congelados, descongelados) • 200 g de atún en aceite (escurrido) • 2 tazas de mayonesa casera • ½ taza de aceitunas sin hueso (o al gusto) • 1 pimiento morrón asado • Sal y pimienta

PREPARACIÓN

En una olla o cazuela, cocer las papas, las zanahorias y los huevos en abundante agua (no caliente). Cuidar que no se sobrehagan; las zanahorias estarán primero (se sabe que están listas si se pinchan con un tenedor y ofrecen poca resistencia). Aparte, en una olla pequeña, cocer los chícharos (en caso de que sean frescos). Una vez cocidas las verduras, escurrirlas. Pelar y rebanar las papas, rebanar las zanahorias y pelar los huevos. Cortar todo en cuadritos. Colocar las papas y las zanahorias en un tazón y añadir la mayonesa; mezclar muy bien. Agregar a la mezcla los huevos, los chícharos, el atún y las aceitunas. Sazonar con sal y pimienta, y revolver con cuidado. Adornar con el pimiento morrón.

Nuestra amatxo, Pepita Arriola Aramberri, nació en Deba, Guipúzcoa. Llegó a México en 1938, y fue una de las primeras españolas que emigró por razones políticas, después de la ofensiva franquista a Guernica en 1936. Nuestra madre era bibliotecaria de la fundación EBEFO (Escuela Biblioteca Emigrante Fundación Ostolaza), establecida por el industrial José Manuel Ostolaza —quien después llegaría también como exiliado a México—, él le pagó el pasaje a América, porque al estar exiliada en Francia, se arriesgaba a acabar en un campo de concentración en las Landas.

Pepita Arriola y sus compañeros de EBEFO, Deba, años 30.

Nuestro aitatxo, Germán María Iñurrategui Peñagaricano, nacido en Tolosa, Guipúzcoa, llegó a México desde Casablanca a bordo del Nyassa en 1942, luego de estar en Francia, en el refugio de Capbretón, en las Landas. Era abogado y había sido fiscal del Tribunal Popular de Euzkadi y del Tribunal de Alta Traición en Cataluña. En México fue miembro de la Delegación del gobierno vasco en el exilio y secretario del Centro Vasco de México. Papá era traductor de euskera y sus notas aparecían continuamente en la prensa mexicana y en la publicación mensual de los vascos de México titulada *Euzko Deya*.

Arantza e Izaskun Iñurrategui Arriola (Tampico y CDMX)

Papas al ajo cabañil
de Adela Rivera Martínez

PARA 4-6 PERSONAS

INGREDIENTES

• 1 kg de papa • 5 dientes de ajo • ¼ de taza de vinagre blanco (no balsámico)
• 1-2 tazas de aceite de oliva • 1 cucharada de sal

PREPARACIÓN

Pelar y cortar las papas en rodajas muy delgadas. Licuar los ajos con el aceite y el vinagre blanco hasta obtener una salsa (suficiente para la cantidad de papas rebanadas). Freír las papas en un sartén grande con un pequeño charco de aceite de oliva a fuego bajo, y moverlas constante y suavemente para que no se doren ni se rompan. Sacar las papas para escurrirlas y, de inmediato, agregar sal para que no se endurezcan. Cuando las papas estén bien escurridas, agregar la salsa de ajo, aceite y vinagre, y mezclar muy bien para que aderece todas las papas. Probar y agregar más sal, aceite o vinagre blanco al gusto.

Esta receta de papas al ajo cabañil me la enseñó a hacer mi abuela Adela en los setenta. Mis abuelos, Adela Rivera y Ricardo Serna Alba, salieron de Murcia porque mi abuelo fue encausado por el Tribunal Especial para la Represión de la Masonería y el Comunismo, ya que era presidente de la Asociación de la Prensa de Murcia, director del periódico *El Liberal de Murcia* y fundador de la revista *La Región Gráfica*. Mis abuelos y su hijo Ricardo Serna Rivera, mi padre, vivieron un tiempo en Orán, Argelia, de donde zarparon para México y llegaron a Veracruz a bordo del Guinea, en 1942, para más tarde instalarse en la Ciudad de México.

Adela Rivera Martínez e hijo, Ricardo Serna Rivera, Ciudad de México, años 40.

Siempre hemos cocinado las papas con la receta original que mi abuela trajo de Murcia, y no se debe cambiar el vinagre blanco por uno más elegante, porque es una receta «huertana» y otro tipo no combina adecuadamente. Pueden comerse a diario, pero en nuestra familia las comemos principalmente en reuniones, por lo que tiene que calcularse el tiempo frente a la estufa según el número de comensales, por el grado de freído de la papa.

Las papas al ajo cabañil son una magnífica guarnición para todo tipo de carnes, y más para las costillas de cordero o para las chuletas de puerco. La salsa también es magnífica para aderezar todo tipo de hongos.

CARLOS SERNA RODRÍGUEZ (CDMX)

Romescu con alcachofas
de Úrsula Ros Mora y Joana Sendra Ros

INGREDIENTES

• 200 g de almendras (o un puño) • 6 dientes de ajo (o medio puño) • 3 jitomates (bien maduros) • ½ cebolla • 1 cucharada copeteada de pimentón dulce • ½ cucharadita de pimentón picante • 4-5 cucharadas de aceite de oliva • 2-3 cucharadas de vinagre de vino (al gusto) • Perejil fresco (unas cuantas ramitas), picado finamente • Sal de mar (al gusto) • 1-2 rebanadas de pan frito (opcional, si te gusta más espeso)

PREPARACIÓN

En un sartén, freír las almendras y los ajos enteros en aceite de oliva; después de un par de minutos, incorporar la media cebolla en trozos para freír con lo demás. Cuando todo esté bien frito, sacarlo del sartén con una cuchara para escurrir y licuarlo con un poco de agua. Conservar el aceite del sartén. Al mismo tiempo, escalfar en agua caliente los jitomates maduros para retirarles la piel. Los jitomates, ya pelados, se meten a la licuadora con las almendras, los ajos, la cebolla, el agua y la sal de mar al gusto (sin miedo). Licuar todo hasta conseguir la textura de una salsa espesa. Verterla en un recipiente. En el aceite caliente (no ardiendo) del sartén, agregar el pimentón dulce y el pimentón picante y freír un momento hasta que cambie de color, sin que se queme. Retirar rápidamente para que no amargue y vaciarlo al recipiente. Añadir un chorro de vinagre de vino al gusto y revolver bien. Por último, agregar el perejil y mezclar. En caso de que la salsa quede ligera, freír una o dos rebanadas de pan de caja para luego molerlas e incorporarlas a la salsa hasta lograr la textura deseada.

Mi abuela, Úrsula Ros Mora, nacida en Las Poblas, Tarragona, y mi abuelo Joan Sendra I Siscart, nacido en Blancafort, salieron de España y llegaron a Pommiers, Francia, en 1939, donde nació mi madre, Joana Sendra Ros. Partieron rumbo a México y desembarcaron en República Dominicana, donde vivieron varios años. En 1945, mis abuelos, mi madre y su hermana Natacha llegaron a México en avión, donde vivieron el resto de su vida.

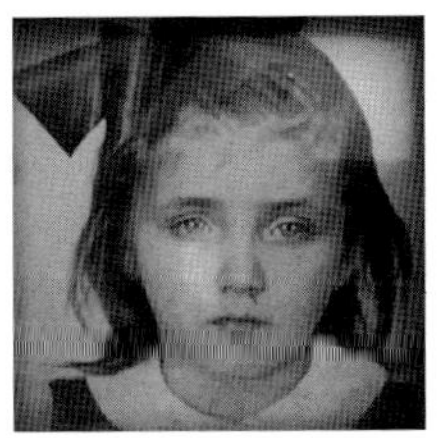

Joana Sendra Ros, Ciudad de México, años 40.

A mi avi Joan le encantaban las alcachofas, pero no le gustaba cómo se preparaban en México. Mi yaya Úrsula recordaba que en su pueblo se acostumbraba a celebrar la tradicional «calçotada», en la que se asaban calçots, unas cebollitas tiernas que se comían con romescu, una salsa hecha a base de almendra, ajo y aceite de oliva. Así que decidió preparar las alcachofas con romescu, pero con una consistencia más ligera y con alguno que otro ingrediente extra que decidió añadir. El resultado fue la receta familiar que comparto: un romescu mexicanizado, único y delicioso.

PACO PONTONES SENDRA (CUERNAVACA, MORELOS)

PLATOS
DE CUCHARA

Potaje de garbanzo y espinaca
de Manola Ruiz-Funes Montesinos

PARA 6-8 PERSONAS

INGREDIENTES

- 1 kg de garbanzos (remojados desde la noche anterior)
- 1 manojo de espinacas lavadas
- Aceite de oliva (el necesario)
- 1 rebanada de pan (bolillo o de caja)
- 1-2 cucharaditas de vinagre
- 3 huevos
- 3 dientes de ajo
- Ramitas de perejil
- 1 cebolla finamente picada
- 2 jitomates finamente picados
- 1-2 cucharaditas de pimentón
- Sal y pimienta
- Rodajas de huevo duro (opcional)

PREPARACIÓN

1. En la olla exprés, cocer los garbanzos remojados y escurridos junto con la espinaca durante 20 a 25 minutos, y sazonar con sal y pimienta. Calentar 2 cucharadas de aceite y freír el pan por ambos lados; retirar y reservar. En ese mismo sartén, freír los huevos, reventándoles la yema.
2. Colocar en un molcajete el pan frito, el vinagre, los huevos fritos, ajo y perejil; moler hasta obtener una pasta (se puede hacer esto en un procesador de alimentos) y reservar. En un sartén, calentar aceite y freír la cebolla hasta acitronar, añadir el jitomate y freír hasta obtener una pasta (sofrito).
3. Verter el sofrito a la olla de los garbanzos y hervir, ya destapados, durante 5 o 10 minutos a fuego medio. Agregar la pasta del molcajete que se reservó y hervir a fuego medio por un par de minutos.
4. En otro sartén, calentar aceite de oliva y freír el pimentón, sin que se queme; verterlo inmediatamente a la olla de garbanzos.
5. Ajustar de sal y pimienta. Servir bien caliente (se puede adornar con rodajas de huevo duro).

Aprendí a hacer el potaje hace muchos años en casa de mi mamá, Manola Ruiz-Funes Montesinos. Nunca he tenido que modificar la receta original, pero quizás antes era más difícil conseguir el aceite de oliva. Solemos comerlo durante reuniones familiares en cualquier fecha del año, pero mamá tiene escrito en su cuaderno de recetas que este potaje delicioso se tomaba en Murcia, de donde ella era originaria, los días de vigilia, en los cuales no se podía comer carne.

Mi mamá llegó a La Habana, Cuba, en 1940, a los diez años de edad. Vino con sus padres Carmen Montesinos Pérez y Mariano Ruiz-Funes García, y sus hermanos Carmen y Mariano, procedentes de Amberes, Bélgica, a bordo de un barco de carga en el que los únicos pasajeros eran la familia de mis abuelos, una familia judía y un chico de Santo Domingo. Mi abuelo Mariano, quien murió antes de que yo naciera, fue ministro de Justicia en el gobierno de Largo Caballero, y más tarde embajador en Polonia y Bélgica, y ahí vivían cuando tuvieron que exiliarse. Mi madre recuerda que durante toda la travesía, por el miedo a ser atacados por los nazis, sus papás los hacían llevar, pegados al cuerpo y en una bolsa de plástico, el pasaporte y unos cuantos dólares. Siete meses después, llegaron a México. Se instalaron en la capital, donde nació otra hija, Conchita, y donde mi abuela Carmen tuvo siempre la casa abierta a cualquier exiliado y muy especialmente a los murcianos: «Aquí venían todos a comer porque mi mamá, además de generosa, era muy buena cocinera», me contaba mi madre.

FUENSANTA DEL CUETO RUIZ-FUNES (CDMX)

Manuela Ruiz-Funes, Ciudad de México, 2019

Sopa de lentejas
de la abuela Blanca Nieves Bravo Yáñez

PARA 6-8 PERSONAS

INGREDIENTES

PARA LA SALSA DE TOMATE:

- 4 jitomates
- Ramitas de perejil
- 1 diente de ajo
- 1 pedacito de cebolla
- 1 pizca de azúcar
- Consomé de pollo al gusto
- Pimienta al gusto
- 3-4 cucharadas de aceite.

PARA LA SOPA:

- 1 kg de lentejas
- 1 chorizo duro
- 1 pedazo de chistorra
- 5 rebanadas de tocino grueso
- 2 dientes de ajo completos
- 1 pedacito de cebolla
- 1 hoja de laurel
- Consomé de pollo al gusto
- ½ cebolla muy picadita
- 3 dientes de ajo finamente picados
- 1 cucharadita de pimentón o paprika
- Aceite de oliva

PREPARACIÓN

1. Remojar las lentejas un día antes si es posible. En una olla exprés, vaciar las lentejas crudas y rebasarlas con agua limpia. Incorporar los siguientes ingredientes: el chorizo, la chistorra, el tocino, el ajo, la cebolla, el laurel y el consomé. Cerrar la olla y dejarla en el fuego por 30 minutos (sugerimos supervisar a los 15 minutos).
2. Con cuidado, retirar del fuego la olla exprés y enfriarla en el fregadero antes de abrirla. Aparte, en un sartén u olla grande, calentar aceite de oliva y freír la cebolla y los ajos. Una vez que la cebolla se acitrone, añadir 2 cucharadas soperas de la salsa de jitomate y toda la mezcla de la olla exprés con las lentejas (puedes partir el chorizo, la chistorra y el tocino en pedacitos).
3. Revolver muy bien. Por último, en otro sartén, freír una cucharadita de pimentón con un poco de aceite de oliva.
4. Voltear rápidamente antes de que se queme y añadir a la olla. Revolver bien una sola vez, sin batir las lentejas, y listo.

La comida era algo que nos unía mucho como familia, y durante la vida de mis padres, todos los miércoles comíamos juntos y los fines de semana nos reuníamos en el Club Deportivo Mundet. Cuando mi madre, Blanca Nieves Bravo Yáñez, hija de un militar republicano, se casó a los 16 años con mi padre, Fernando Ferrando Tapallero, no sabía freír un huevo ni sanar ninguna enfermedad, pero fue mi padre, que era ingeniero industrial valenciano, quien le enseñó a cocinar. Ellos se conocieron en Francia, donde mi madre vivía, trabajaba y mantenía a su familia desde 1939. Era novia de un nieto del escritor valenciano Vicente Blasco Ibáñez. La familia de mi madre decidió regresar a España, pero mis padres viajaron a Marsella, donde les robaron los pocos ahorros y pertenencias que llevaban.

Después de pasar por Casablanca, Argel y Orán, en 1942 se embarcaron en el vapor Nyassa y en él llegaron a Veracruz. Con ellos viajaba mi hermano mayor, Gerardín, quien murió a los pocos días de llegar a México. Ya establecidos en la Ciudad de México, mis padres tuvieron dos hijos más, mi hermana Blanca y yo, y abrieron un restaurante, El Colmao, que fue un fracaso económico pero una experiencia muy entretenida para toda la familia y los amigos. En 1957 mis padres se divorciaron y Blanca se casó con Manuel Montilla y Montilla, uno de los mejores pilotos del ejército republicano, que se había exiliado en México a bordo del vapor Ipanema y fue protagonista de la resistencia franquista en México.

GERARDO FERRANDO BRAVO (VALLE DE BRAVO, ESTADO DE MÉXICO)

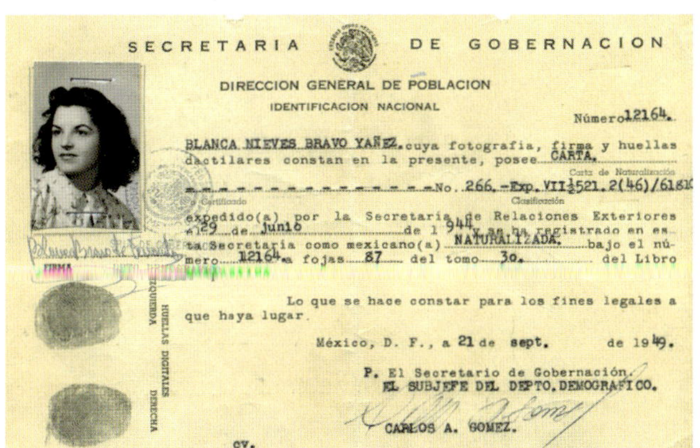

SECRETARIA DE GOBERNACION

DIRECCION GENERAL DE POBLACION

IDENTIFICACION NACIONAL

Número 12164.

BLANCA NIEVES BRAVO YAÑEZ. cuya fotografia, firma y huellas dactilares constan en la presente, posee CARTA.
Carta de Naturalización

No. 266.-Exp. VII½521.2(46)/6161
Certificado — Clasificación

expedido(a) por la Secretaria de Relaciones Exteriores el 29 de Junio de 1944 y se ha registrado en esta Secretaria como mexicano(a) NATURALIZADA. bajo el número 12164. a fojas 87 del tomo 3o. del Libro

FIRMA

Lo que se hace constar para los fines legales a que haya lugar.

México, D. F., a 21 de sept. de 1949.

P. El Secretario de Gobernación.
EL SUBJEFE DEL DEPTO. DEMOGRAFICO.

CARLOS A. GOMEZ.

cv.

HUELLAS DIGITALES
IZQUIERDA
DERECHA

Identificación Nacional Mexicana de Blanca Bravo, 1949.

Fabada
de las tías Olga y Jesu Zugazagoitia Ruiz

PARA 6-8 PERSONAS

INGREDIENTES

- 3 tazas de alubias (remojadas durante la noche)
- 1 zanahoria pelada
- 1 cabeza de ajo entera
- 1 hoja de laurel
- 1 hueso de jamón serrano
- 200 g de tocino en cubos (la parte gorda del tocino es mejor)
- 2 chorizos tipo español
- 1 cebolla picada
- 1 jitomate grande picado
- 3-4 dientes de ajo
- 2 morcillas de cebolla
- Sal al gusto

PREPARACIÓN

Colocar las alubias remojadas y escurridas en la olla exprés junto con la zanahoria, la cabeza de ajo, el laurel, el hueso de jamón, el tocino y el chorizo. Cubrir con suficiente agua fresca. Cocinar durante 20 a 25 minutos. Ya que se enfríe un poco, abrir la olla y retirar la zanahoria, la cabeza de ajo y un cucharón de alubias cocidas. Reservar. En un sartén, calentar el aceite de oliva y freír la cebolla hasta acitronar, agregar el ajo, freír un par de minutos y agregar el jitomate hasta que espese. Agregar al sartén la zanahoria, el ajo y las alubias que se reservaron y revolver. Verter esta mezcla en el vaso de la licuadora y moler muy bien. Colar la mezcla de la licuadora y verterla sobre las alubias de la olla exprés. Añadir las morcillas enteras (evitar que se rompan) y hervir a fuego medio o bajo hasta que se integren los sabores. Sazonar con sal al gusto. Se recomienda servir cada plato con 2 pedazos de chorizo, 2 de morcilla y trocitos de tocino.

Mis tías Olga y Jesu Zugazagoitia Ruiz nos enseñaron la receta, tanto a sus hijos como a sus sobrinos, que imagino habían aprendido de mi abuela, Julia Ruiz. Mis tías siempre fueron muy buenas cocineras.

Esta fabada se cocina en mi familia desde hace más de cincuenta años, yo no soy la cocinera en casa, pero mi marido, Xavier Chiappa, sí, y él la cocina deliciosamente en los días en que extraño a mi familia Zugazagoitia. Cada uno de los primos lo hace con su familia, aunque, desafortunadamente, estamos bastante esparcidos por el mundo y rara vez nos reunimos todos. Los únicos cambios que ha sufrido la receta son que el consomé se sustituyó por caldo de pollo en polvo y el vinagre ya se adapta a las marcas mexicanas.

Jesu, Lucita y Olga Zugazagoitia Ruiz en la comunión de su sobrina, circa años 70.

Mis tías, mi abuela y mi padre, Julián, llegaron a México en mayo de 1942 en el Nyassa. Mi abuela llegó a México viuda y con solo tres de sus cinco hijos. Mi abuelo, Julián Zugazagoitia Mendieta, originario de Bilbao, era periodista, escritor y político socialista, director del diario *El Socialista*, órgano oficial del PSOE. Tras el estallido de la guerra civil española fue Ministro de Gobernación en el gobierno presidido por Juan Negrín. Al acabar la guerra, mis abuelos y sus cinco hijos se exiliaron y fijaron su residencia en París, pero la Gestapo secuestró a mi abuelo y lo mandó de regreso a España donde lo fusilaron. Mi abuela, después de pasar un tiempo con sus hijos en Marsella, y siguiendo las recomendaciones que mi abuelo le había mandado en una carta poco antes de morir, consiguió que sus dos hijos mayores, Fermín y José María, se fueran a México en 1941, donde un año más tarde toda la familia se reencontró para vivir ahí el resto de su vida.

TATIANA ZUGAZAGOITIA ALEXANDER-KATZ (MÉRIDA, YUCATÁN)

Los callos a la madrileña de Estrella Colina Camarero y Mercedes Sánchez Colina

PARA 6-8 PERSONAS

INGREDIENTES

•2 kg de callos surtidos •1 kg de libro (tipo de callo) •Vinagre para lavarlos •1 cebolla para cocción con 4 clavos incrustados •5 hojas de laurel •2 patas grandes de cerdo •Aceite de oliva (el necesario) •1 cebolla grande para sofrito •1 cabeza de ajo entera picada •1 cucharada de pimentón dulce •½ cucharada de pimentón picante •½ vaso de vino blanco •150 g de tomate triturado •5 chorizos •¼ kg de punta de jamón •3 morcillas de arroz •3 chiles güeros (o guindillas)

PREPARACIÓN

Lavar muy bien los callos y el libro con agua y vinagre. Lavarlos por segunda vez limpiándolos con un cepillo de dientes. En una olla con bastante agua, cocer por 45 minutos la cebolla con los clavos, el laurel, los callos y las patas. Mientras tanto, en otra olla o sartén grande con abundante aceite de oliva, sofreír la cebolla; cuando empiece a pochar (acitronar), añadir el ajo para que no se queme y amargue. Luego, añadir ambos pimentones, el dulce y el picante, sofreír un minuto y verter el vino blanco y el tomate. Apartar y reservar este sofrito. Colar los callos que cociste durante 45 minutos. Colocar en la estufa, a fuego medio o bajo, una olla grande con suficiente agua para cubrir los callos, los chorizos, el jamón y las dos patas de cerdo ya deshuesadas y picadas. Añadir a la olla el sofrito y los chiles. Cocer entre 4 y 5 horas, hasta que estén tiernos y espese la salsa. Rectificar de sal, porque se le echó jamón y puede salar mucho. Cortar las morcillas en rodajas de más o menos un dedo de grosor, freírlas e incorporarlas a la olla junto con los chorizos cortados en trozos. Poner los callos en un plato acompañados de la morcilla recién frita para que se vaya rehogando en la salsa sin desbaratarse. Servir muy caliente y disfrutar.

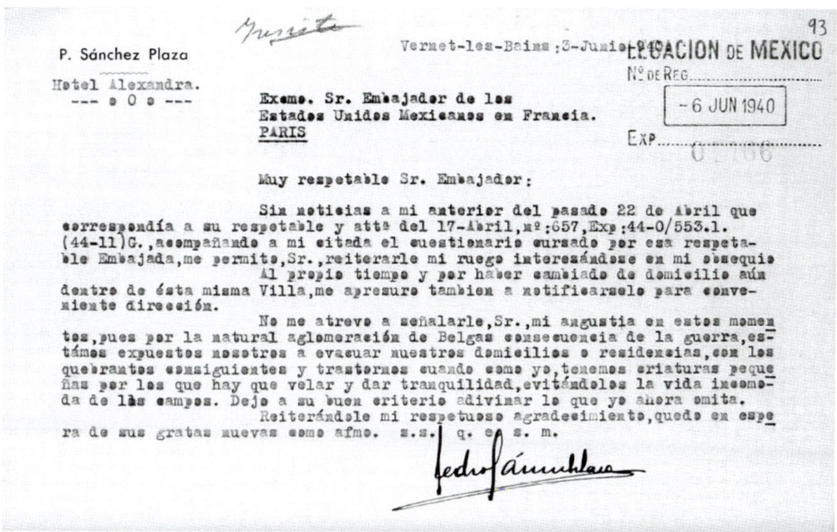

93

P. Sánchez Plaza

Hotel Alexandra.
--- o O o ---

Vernet-les-Bains :3-Junio

LEGACION DE MEXICO
Nº DE REG.
-6 JUN 1940
EXP.

Excmo. Sr. Embajador de los
Estados Unidos Mexicanos en Francia.
PARIS

Muy respetable Sr. Embajador:

Sin noticias a mi anterior del pasado 22 de Abril que correspondía a su respetable y atta del 17-Abril, nº:657, Exp:44-0/553.1.(44-11)G., acompañando a mi citada el cuestionario cursado por esa respetable Embajada, me permito, Sr., reiterarle mi ruego interesándose en mi obsequio

Al propio tiempo y por haber cambiado de domicilio aún dentro de ésta misma Villa, me apresuro tambien a notificarselo para conveniente dirección.

No me atrevo a señalarle, Sr., mi angustia en estos momentos, pues por la natural aglomeración de Belgas consecuencia de la guerra, estámos expuestos nosotros a evacuar nuestros domicilios o residencias, con los quebrantos consiguientes y trastornos cuando como yo, tenemos criaturas pequeñas por los que hay que velar y dar tranquilidad, evitándoles la vida incomoda de lòs campos. Dejo a su buen criterio adivinar lo que yo ahora omito.

Reiterándole mi respetuoso agradecimiento, quedo en espera de sus gratas nuevas como afmo. s.s. q. e. s. m.

Solicitud de asilo de la familia Sanchez Colina, Francia, 1940.

Nuestra abuela, Estrella Colina Camarero, nacida en Coruña, y nuestra madre, Mercedes Sánchez Colina, madrileña, nos enseñaron a hacer esta receta. Nosotras cocinamos los callos en reuniones familiares y sobre todo los 25 de diciembre, y lo hacemos tal como nos enseñaron, solo que, como en México no es fácil conseguir guindillas, solemos sustituirlas por chiles güeros. Nuestra abuela Estrella llegó a México con sus cuatro hijos (Ángeles, José Luis, Mercedes y Pedro) y con su esposo, Pedro Sánchez Plaza, que era militar y originario de Logroño, La Rioja. Llegaron en el barco Nyassa II, en mayo de 1942 y se instalaron en el Centro, en la calle López número 82.

Estrella y Mercedes Suárez Sánchez (CDMX)

Porrusalda
de Pepita Arriola Aramberri*

PARA 4-6 PERSONAS

INGREDIENTES

• 1-2 cucharadas de aceite • 1 cebolla picada • 5 zanahorias peladas y cortadas en pedazos pequeños • 2 dientes de ajo pelados • 4 puerros (poros) bien lavados y cortados en trocitos • 5 papas peladas y cortadas en cuadros pequeños • Sal al gusto • 4-6 tazas de agua

PREPARACIÓN

En una cazuela con aceite, freír la cebolla junto con la zanahoria hasta acitronar. Añadir los ajos enteros, los puerros y las papas, y freír todo durante un par de minutos. Sazonar con un poco de sal y agregar el agua; hervir. Bajar el fuego a medio-bajo y cocinar durante unos 20 o 30 minutos aproximadamente; cuidar que no se sobrehagan las verduras. Agregar más sal, en caso de que haga falta. Servir bien caliente.

Establecidos en Tampico, donde nacimos sus tres hijas Arantza, Izaskun e Itziar, en 1961 nuestros *aitas* fundaron, en el puerto El Capuchino, un café que surtía de granos de alta calidad a la zona y estaba ubicado en la calle Aduana, en el centro de la ciudad. Trabajaron toda la vida para poder volver a España: «Cuando los aliados restauraran la democracia en la península». Algo que nunca sucedió.

ARANTZA E IZASKUN IÑURRATEGUI ARRIOLA
(TAMPICO Y CDMX)

Pepita Arriola Aramberri, Tampico, circa años 50.

* La historia de Pepita Arriola Aramberri aparece en la página 69.

La borreta
de Cecilia Sanz Sanz

PARA 4 PERSONAS

INGREDIENTES

• 1 coliflor mediana (o grande, depende del hambre que se tenga), partida en trozos grandes • 200-500 g de bacalao (depende del gusto), desalado el día anterior • 10 almendras peladas, fritas y aplastadas en mortero o finamente picadas • 1 taza de alioli (ver receta en página 66)

PREPARACIÓN

Colocar la coliflor y el bacalao en una olla, cubrir de agua y hervir a fuego medio hasta que la coliflor se suavice. Cuando ya estén bien cocidos tanto la coliflor como el bacalao, retirar el bacalao y desmenuzarlo. Con la ayuda de un tenedor, triturar la coliflor que quedó en la olla, dejando trocitos muy pequeños. Regresar el bacalao desmenuzado a la olla y calentar. Agregar las almendras. Servir la borreta bien caliente, en platos individuales y agregar una cucharada de alioli en cada uno. Revolver. Circular el alioli, pues cada comensal puede querer agregar más, dependiendo del gusto. Acompañar con una buena hogaza de pan.

Cecilia Sanz, Tampico, años 60.

Este platillo no es en realidad la clásica borreta alicantina es, más bien, una invención de la Yaya (Cecilia Sanz Sanz), que hizo con los ingredientes que tuvo a la mano. Ella y el avi, Vicente Ridaura Álvarez, se conocieron estudiando medicina en Valencia, y se casaron unos días antes de estallar la guerra. El avi era Capitán Médico del Ejército del Centro y Cecilia, después de tocar todos los resortes imaginables, consiguió el nombramiento de Teniente Médico. En 1939, tras pasar por mil peripecias, Vicente y sus dos Cecilias, su mujer y su hija recién nacida, lograron embarcarse en el Sinaia. Al llegar a México se trasladan a la capital del país, pero es en Tampico, Tamaulipas, donde terminan estableciéndose. A Cecilia no le revalidaron el título de médico y puso un laboratorio clínico y luego se dedicó a la enseñanza. Además, por muchos años estuvo encargada de la Biblioteca Municipal de Tampico, lo que le permitió convertirse en una gran promotora cultural y organizar conferencias, exposiciones de arte, obras de teatro, conciertos, presentaciones de libros y concursos literarios.

Melinda Ridaura Harvey (Edimburgo, Escocia)

Sopa de pan
de Marta Ros Bosch

PARA 4 PERSONAS

INGREDIENTES

• 4-6 cucharadas de aceite de oliva • 1 cebolla mediana finamente picada • 2 dientes de ajo, pelados y rebanados (o picaditos) • 2 l de caldo de pollo • 400 g de pan duro (que no sea del día), en rebanadas o en trozos • 4-5 ramitas de tomillo • 1 huevo por comensal (opcional) • Sal al gusto

PREPARACIÓN

En una cazuela, calentar el aceite de oliva y freír la cebolla y los ajos hasta que se suavicen, procurando que no se doren. Agregar el pimentón (si así se desea) y freír solo unos segundos. Añadir el caldo de pollo. Tostar el pan en el horno y agregarlo al caldo; hervir a fuego medio hasta que se suavice y la sopa espese un poco. Agregar el tomillo y la sal, y hervir a fuego medio unos minutos más. Con mucho cuidado, verter los huevos (si así se desea), que también pueden ir ligeramente batidos; bajar el fuego y cocinar por un par de minutos. Ajustar de sal y servir de inmediato.

Esta receta me la enseñó a hacer a mi madre, Marta Ros Bosch, pues era la sopa favorita de mi padre, Lorenzo Oliart Furrellat; la solía consumir en la cena. Además de esta sopa de pan, si alguien en nuestra familia estaba enfermo del estómago, mi madre nos hacía una sopa de farigola (tomillo) infalible.

Antes de exiliarse en México, mis padres vivían en Barcelona con mis abuelos. Mi abuelo paterno, Alberto Oliart Llach —quien fue alcalde de Tarrasa durante la República—, llegó a México en 1939 desde Burdeos, a bordo del barco de vapor Mexique y se estableció en Saltillo. Mi abuela, Francisca Furrellat Solá, y sus hijos llegaron en 1941 y todos juntos se establecieron en la Ciudad de México. Mis abuelos maternos, Dolors Bosch Toldrá, de Barcelona, y Jaume Ros Poch, originario de L'Armentera, Girona, llegaron a Veracruz en 1940, después de pasar por República Dominicana, y vivieron siempre en la Ciudad de México.

Lorenzo Oliart Furrellat, Jaime Ros Bosch y Miguel Marín Bosch cenando sopa de pan, circa años 80.

ROSA MARÍA OLIART ROS (CDMX)

Caracolada de los chiquets

PARA 6-8 PERSONAS

INGREDIENTES

- 1 kg de caracoles (los encuentras en el Mercado de San Juan)
- 2 cucharadas de sal
- 1 cucharada de vinagre
- 3 cucharadas de aceite de oliva
- 50-100 g de jamón serrano, picado fino
- 1 cebolla mediana finamente picada
- 3 dientes de ajo, pelados y picados finamente
- 1 cucharada de pimentón
- 3 jitomates rallados o molidos
- 200 ml de puré de jitomate
- 3 hojas de laurel
- 3 ramitas de tomillo
- Sal y pimienta al gusto
- 1 taza de vino blanco seco
- 1 barra de pan para acompañar el platillo (opcional)
- 1 manojito de perejil picado para adornar (opcional)

PREPARACIÓN

1. Para lavar los caracoles, sumergirlos en una cazuela con agua fresca, una cucharada de sal y una cucharada de vinagre. Tapar la olla y dejar reposar de 15 a 20 minutos; después, colarlos y enjuagarlos muy bien, restregándolos con las manos.
2. Ya limpios, regresarlos a la olla, cubrirlos con agua fresca y volver a taparlos (es posible no taparlos si se pone una buena cantidad de sal en todo el labio de la olla).
3. Cocinarlos a fuego muy bajo, para que salgan de sus conchas. A los 15 minutos, enjuagarlos y cubrirlos con agua, agregar otra cucharada de sal, taparlos y dejarlos nuevamente a fuego bajo hasta que hiervan (alrededor de unos 10 o 15 minutos).
4. Finalmente, sacarlos de la olla y colarlos.
5. Mientras tanto, en otra olla, calentar aceite de oliva, agregar el jamón y freír durante un minuto, agregar la cebolla y continuar friendo; cuando ya esté transparente y suave, agregar los ajos.
6. En ese aceite, echar el pimentón para que se fría unos segundos e inmediatamente después agregar el tomate molido, el puré, las hojas de laurel, el tomillo y la sal y la pimienta al gusto.
7. Cuando los ajos estén suaves, apartar el sofrito hacia los lados de la cazuela para agregar un poco más de aceite de oliva.

8. Cuando el sofrito esté bien hecho, echar los caracoles y cubrirlos con suficiente vino y agua hasta que hiervan.
9. A los veinte minutos, ajustar de sal y agua (los caracoles deben tener bastante caldito para poder sopearlos con pan) y continuar hirviendo a fuego medio o bajo durante 20 minutos o hasta que estén listos.
10. Reajustar de sal, servir y adornar con perejil picado.

El azar y las oportunidades laborales llevaron a mis avis a establecerse en Tampico, donde nacieron tres de sus cuatro hijos (tres mujeres y un hombre en total). Finalmente todos se fueron del puerto, con excepción de mi mamá, Isabel Ridaura, la Gorda, quien vivió con sus papás hasta que se casó.

Isabel enviudó muy pronto y regresó a vivir con sus padres. Por otro lado, este triste suceso nos trajo, a mi hermano y a mí, la fortuna de crecer cerca del avi y la yaya, de quienes aprendí muchísimas cosas, entre otras, a apreciar la buena comida y a amar la sobremesa. Si bien en la casa se hacía todo tipo de comida y se incorporaron infinidad de platillos mexicanos, la cocina española tuvo siempre un lugar preponderante.

Otra cosa que a veces compraban eran caracoles. Habrán de saber que estos animalitos deben estar vivos al cocinarlos, por lo tanto, los entregaban en una canasta de mimbre tapada con una tela cosida en la parte superior para permitirles respirar. Así llevábamos los bichos de regreso a Tampico. Sería hacia finales de los setenta, cuando podías subir al avión con prácticamente lo que quisieras, por lo que unas señoras con dos niños y una canasta no llamaban la atención. Para que no se aplastaran los caracoles, mi mamá ponía la canasta debajo del asiento de enfrente y nos dormíamos durante el vuelo, que era el último de la noche. Una vez, cuando estábamos por aterrizar y prendieron las luces, vimos un caracolito caminando por la pared del avión junto a la ventanilla. ¡La tela estaba mal cosida a la canasta y los caracoles se habían salido durante el vuelo!

Mi mamá y la yaya no hallaban dónde esconder la cara, mientras a nosotros —unos niños— nos pareció de lo más divertido, sobre todo la búsqueda de los escapistas que tuvimos que emprender ayudados por las azafatas, una vez que bajaron todos los pasajeros. Debo confesar que yo no como caracoles, pero me encantaba ver cómo los disfrutaban en casa y se relamían mojando el pan en la salsita. Dejo aquí la receta de la yaya, que me pasaron mis primos Hernán y Melinda, quienes sí los han cocinado, esperando les gusten tanto como a ellos.

Isabel Ortega Ridaura (Boca del Río, Veracruz)

Familia Ridoura Sanz, Tampico, años 80.

PLATOS DE PASTA

Macarrones con costilla de cerdo
de Mercé Micó

PARA 4-6 PERSONAS

INGREDIENTES

- Aceite de oliva (el necesario)
- 1 cebolla chica, picada en trozos medianos
- ½ cabeza de ajo pelada
- 1 kg de costillas de cerdo, separadas al gusto
- 5 jitomates grandes, picados en trozos medianos
- 4 pimientos rojos partidos, sin semilla y picados en cuadros medianos
- 2 ñoras (o chile morita)
- 1 kg de pasta de macarrón plano
- 1 manojo de perejil, lavado y picado
- Sal y pimienta al gusto

PREPARACIÓN

1. Calentar entre 4 y 5 cucharadas de aceite de oliva en una olla grande, agregar la cebolla y los ajos, y cuando estén semidorados, añadir las costillas de puerco hasta que se doren por completo.
2. Agregar los jitomates en trozos, los pimientos en cuadros chicos, las ñoras (o el chile morita) y el perejil.
3. Añadir sal y pimienta al gusto.
4. En otra cazuela, calentar agua y, ya que suelte el hervor, agregar los macarrones.
5. Cuando estén «al dente», colar reservando una taza del agua (si acaso se necesita añadir a la carne).
6. Juntar todo en una olla a fuego bajo y hervir entre 3 y 5 minutos, remover con cuidado para integrar todos los ingredientes (procurar no batir los macarrones).
7. Ajustar de sal y pimienta.
8. Se puede añadir un poco del agua de los macarrones reservados, en caso de sentir que la mezcla está seca.
9. Ya que esté muy caliente, servir de inmediato.

Mi abuela, Mercedes Micó, nacida en Barcelona, me enseñó a hacer esta receta en mi casa cuando yo era muy pequeña. En México no hay ñoras, por lo que mi abuela se complicó muchísimo, hasta que una amiga mexicana le dijo que cambiara la ñora por chile. Al principio los macarrones picaban tanto que no los podíamos comer, pero la abuela fue encontrando la cantidad ideal de chile morita. Aunque era un platillo habitual y lo comíamos con frecuencia, a mi hermano Luis le encantaba y siempre lo pedía en sus cumpleaños. Mi abuela había llegado a México con mi madre, María del Alba Companys i Micó, cuyo padre fue Lluís Companys, presidente de la Generalidad de Cataluña desde 1934 hasta 1940. Mis abuelos se divorciaron, por lo que mi abuela y mi madre se exiliaron a Francia y más tarde, cuando terminó la guerra civil en 1939, a México. Mi padre, Héctor Gally Grivé, abogado catalán, viajó con ellas de Bélgica al puerto de Veracruz. Ya en México, nacimos mis dos hermanos, Luis y Héctor, y yo; mi padre fundó una empresa editorial junto a su hermano Guillermo Gally. Vivimos muchos años con mi abuela en la Ciudad de México, donde ella murió, pero nunca conocimos al abuelo Lluís, ya que fue fusilado antes de que naciéramos. Para mi madre, aquella herida quedó abierta el resto de su vida; ella me hablaba mucho del humanismo y carácter familiar del abuelo, mientras mi padre lo recordaba más por su figura política y pública como presidente de la Generalitat.

María Luisa Gally Companys (CDMX)

María del Alba Companys y sus padres, Cataluña, años 20.

Los canelones decembrinos
de Pilar Fábrega Elicegui

INGREDIENTES

PARA EL RELLENO: •650 g de pierna de puerco, cortada en pedazos •650 g de carne de res (empuje), cortada en pedazos •1 pechuga de pollo, entera, cortada en pedazos •2 hígados de pollo •1 seso de res (mediano) •500 g de jamón serrano, cortado en rebanadas gruesas •2 cebollas grandes •11 dientes de ajo •3 ramitas de tomillo •3 ramitas de mejorana •6 hojas de laurel •1 cucharadita de orégano •5 granos de pimienta gorda (si se tiene) •8 granos pimienta negra entera •5 clavos enteros •2 tomates rojos (saladet) medianos •3 cucharadas de brandi o coñac •½ taza de vino blanco seco •3 cucharadas de harina •Sal y pimienta al gusto •Aceite de oliva •24 canelones.

PARA LA SALSA BECHAMEL: •50 g de mantequilla •50 g de harina •1 taza de leche caliente •Sal y pimienta al gusto •Nuez moscada

PREPARACIÓN

PARA EL RELLENO: En una olla grande con abundante agua, hervir la carne de puerco, res, pollo y los hígados de pollo con sal, dos tercios de las hierbas de olor (2 ramitas de tomillo, 2 ramitas de mejorana, 4 hojas de laurel, media cucharadita de orégano), 4 pimientas gordas, 5 pimientas negras, 3 clavos, ½ cebolla grande y unos 3 dientes de ajo pelados. Dejar enfriar y guardar el caldo. Los sesos se cuecen aparte, con agua, sal, de ¼ a ⅓ de una cebolla grande, 2 dientes de ajo y el resto de las hierbas de olor, las pimientas y los clavos. Dejar enfriar y quitar los pellejitos y la sangre que les salga. Reservar. Hacer un sofrito, picando una cebolla y 6 dientes de ajo, los cuales se sofríen en un poco de aceite de oliva. A esto se le agrega el jamón serrano cortado en pedazos más o menos chicos (de unos 2 x 4 cm) y se fríen un poco; agregar los 2 tomates rojos rallados (sin la piel) y dejar que todo se integre y cueza. Agregar el brandi o el coñac y el vino blanco. Cocer hasta que estos líquidos se evaporen. Dejar enfriar. Pasar por un procesador de alimentos para picar finamente, en el siguiente orden: *1*) el sofrito; *2*) las carnes (res, puerco y pollo); *3*) los hígados; y *4*) los sesos. Verter todo en un sartén grande, agregar las cucharadas de harina y un poco del caldo de las carnes; revolver. Calentar todo por media hora y controlar la consistencia, ya sea con una parte del caldo donde se cocieron las carnes o con leche (si se desea una consistencia más cremosa) para obtener una pasta densa. Salpimentar al gusto. Deja enfriar. Cocer las láminas de pasta unos minutos en agua hirviendo con sal. Enfriarlas con agua y colocarlas encima de un trapo blanco. Rellenar los canelones, colocando una cucharada de relleno en cada lámina y enrollar. En un refractario, previamente engrasado, echar una cucharada de bechamel, colocar los canelones (ya rellenos) y terminar con una capa de salsa bechamel. Esparcir el queso rallado y unas bolitas de mantequilla por encima. Colocar en el horno precalentado a 180 °C y hornear durante 35 o 40 minutos, o hasta que queden bien gratinados.

PARA LA SALSA BECHAMEL: En una olla de aluminio pequeña, fundir la mantequilla, añadir la harina y cocer durante 2 o 3 minutos a fuego muy bajito para que no se queme y que se termine de cocer el almidón de la harina. Añadir poco a poco la leche, mover constantemente con una cuchara de madera para evitar que se hagan grumos y se pegue. Cocinar hasta que espese y sazonar con sal, pimienta y nuez moscada.

Al caminar el puente de abordaje del barco que lo llevaría hacia un futuro incierto y a la promesa de libertad, mi padre levantó la mirada y la vio por primera vez. Recargada sobre el barandal, viendo el horizonte, se encontraba la muchacha más hermosa que había visto en su vida, mi madre.

Pilar Fábrega Elicegui o Pili, como le gustaba que le dijeran, originaria de La Cava, Cataluña, viajaba con su padre José Fábrega, médico de profesión, con su madre Adela Elicegui, su tía Pilar Elicegui y su hermano menor Antonio. Mis abuelos habían tenido que huir del pueblo, junto con mi tío, tras la caída de Barcelona, con la idea de que, lo más pronto posible, mandarían por mi mamá y mi tía Pilar. No obstante, mi mamá llevaba en sí una fuerza casi de la naturaleza que usó para convencer a mi tía Pilar de ir al reencuentro, en Francia, con el resto de la familia. Después de un viaje de película, cruzando a pie los Pirineos, con aviones que ametrallaban la carretera, lograron reunirse con mis abuelos y mi tío, y al poco tiempo abordaron el barco que los llevaría hacia su destino.

Ese destino empezó a escribirse el 25 de mayo de 1939, cuando mi padre abordó, siendo el último en hacerlo, el Sinaia. Ernesto Marquina Labarta, nacido en Madrid, era un músico sinfónico, oboista, que participó en la guerra civil española como sargento músico de la banda del legendario Quinto Regimiento. Con un avance constante, los miembros de la banda fueron empujados a cruzar la frontera. En Francia los encerraron, junto con cientos de españoles, en el campo de concentración de Barcarés, donde formaron la Banda Madrid. Finalmente, abordaron el Sinaia, no sin contratiempos, ya que mi papá y su amigo Mendizabal, flautista de la banda, no contaban con los papeles que necesitaban para ingresar a México. Fernando Gamboa, representante del Gobierno mexicano, salvó la situación, indicándoles que subieran al barco cuando el resto de los tripulantes hubieran abordado, y que, ya allá, lo buscaran para arreglar su situación, como efectivamente sucedió.

En México, mientras mi madre estudiaba para ser secretaria, profesión que nunca ejerció, mi padre intentaba vivir de la música, por lo que, incluso, aprendió a tocar el saxofón, pues era más fácil conseguir trabajo de saxofonista que de oboista. El noviazgo de mis papás duró siete años antes de su matrimonio. En 1947 nació mi hermana Marily, tres años después nací yo y, en 1953, mi hermana Vivianne.

Pili Fábrega Elicegui a bordo del Sinaia en 1939.

Mi mamá era una administradora nata; llevaba las riendas de la casa y era quien sabía lo que se podía hacer y lo que no. Siempre que alguien de la familia planeaba alguna compra importante, mi mamá se encargaba de obtener el mejor precio. Era un espectáculo verla regatear. Le gustaba tejer y lo hacía de maravilla. De igual manera, nos hacía ropa: a mis hermanas, vestidos y a mí, camisas. Todavía recuerdo una camisa verde con puños y cuello blanco, que podría usar al día de hoy. Sus habilidades con la máquina de escribir nos fueron utilísimas a mis hermanas y a mí. Confieso que ella pasó a máquina todas las versiones de mi tesis de licenciatura.

Aunque a mi mamá no le apasionaba la comida, era una excelente cocinera, ya que disfrutaba deleitar a los demás con sus creaciones culinarias. Cada Semana Santa preparaba una montaña de torrijas que eran absolutamente deliciosas. Era su forma personal de conmemorar la pasión de Cristo. Su platillo estelar eran los canelones, los cuales había aprendido a hacer, junto con mi tía, del marido de mi tía abuela, que trabajaba como chef en algún restaurante de lujo de la Ciudad de México. Los canelones eran tan buenos que cuando había invitados, eran casi obligatorios. El único problema era que a mi mamá no le gustaban, mi papá le decía: «Oye, chata, tienes que comer, aunque sean unos bocados, porque de lo contrario van a pensar que los estás envenenando».

Mientras que mi mamá era intuición pura, lo que le permitía leer el alma de las personas casi al instante de conocerlas, mi papá era el hombre más racional, tranquilo y simpático que he conocido. Mi máxima aspiración en la vida ha sido parecerme a él. De él aprendí muchas cosas, en particular me enseñó que el humor no es un estado de ánimo, sino una filosofía de vida. Todavía ahora, cuando me enfrento a cualquier situación, me pregunto cómo lo vería mi mamá, con su increíble intuición, y qué habría hecho mi padre ante ese problema. Si tuviera que describir la dinámica familiar en la que crecí, lo haría con una imagen cinematográfica: mi papá sería el director, mi mamá la productora y entre los dos escribirían el guion. La película sería un clásico.

José E. Marquina Elicegui (CDMX)

Los canelones
de la yaya Pepita Tost Planet

PARA 4-6 PERSONAS

INGREDIENTES

• Pasta para canelones (o láminas de pasta para lasaña partidas a la mitad) • 350 g de paté • 1 manojo de espinacas (opcionales) • 50 g de mantequilla • 50 g de harina • ½ l de leche • 1 pizca de sal • 1 pizca de pimienta negra recién molida • 1 cucharadita de nuez moscada • 150 g de queso parmesano rallado

PREPARACIÓN

Cocer la pasta en agua hirviendo con sal. En caso de utilizar la pasta para lasaña, cocerla por unos minutos y cortarla en dos partes iguales. Dejar escurrir sobre un paño. Rellenar los canelones con el paté, enrollarlos a manera de taco y colocarlos sobre un refractario de vidrio. De manera opcional, se pueden agregar al paté, espinacas cocidas y bien escurridas. Para la preparación de la salsa bechamel, derretir la mantequilla a fuego suave, para que no se queme. Añadir la harina y remover unos instantes (así se consigue que la bechamel no sepa a crudo). Cubrir con la salsa bechamel y el queso parmesano de forma abundante. Meter al horno hasta que gratine. Añadir la leche poco a poco, sin dejar de remover con una cuchara de madera o con un batidor de globo. Salpimentar y añadir una pizca de nuez moscada.

Los canelones que hago me los enseñó a hacer mi abuela materna, Josefa Tost Planet, la yaya, nacida en Figueras, Gerona. Se trata de un plato típico catalán que se acostumbra comer en las fiestas decembrinas. Originalmente, el relleno se hace con diferentes variedades de carne: ternera, cerdo, pollo, hígado de pollo e incluso sesos de cordero. Todas las carnes se guisan con un chorrito de vino blanco o coñac, para después picarlas muy finamente.

Mi abuela compraba un buen trozo de paté de hígado de cerdo en el Mercado de San Juan de la Ciudad de México. Yo, cuando no cuento con un buen paté, mezclo el que tenga con un manojo de espinacas cocidas, bien escurridas y machacadas. Un ingrediente muy importante en la preparación de los canelones es la pasta. Mi yaya la encargaba con días de anticipación en «La sopa italiana», negocio fundado en 1894 y ubicado en la calle Ayuntamiento en el centro histórico, muy cerca del Mercado de San Juan, en donde podías encontrar gran variedad de pastas frescas y secas.

En mi caso, por vivir en Hermosillo, Sonora, he tenido que recurrir a la pasta comercial para lasaña, aunque desde el año pasado me atreví a preparar mi propia pasta casera, y realmente sabe mucho mejor. Los canelones hechos por la yaya Pepita se comían en la cena del 31 de diciembre, la Nochevieja, que era la ocasión en la que toda la familia de mi madre se reunía para celebrar el año que terminaba y el que estaba por iniciar. La gran cena arrancaba con los canelones, el primero de los muchos platillos que comeríamos, pero también el que nunca faltaba. Los demás podían variar año con año, pero los canelones siempre fueron el plato estelar. Hasta la fecha, aunque la familia ha crecido y resulte muy difícil reunirnos, cada uno de nosotros ha hecho su propia versión y los seguimos cocinando para esta ocasión. Es una tradición que mantenemos, no solo porque los canelones son deliciosos, sino porque de esta manera recordamos a nuestra yaya, quien sin duda fue la columna vertebral de mi familia materna. Yo espero que mis hijas, cuando llegue el momento, también los hagan para conservar esta receta y tradición familiar.

Josefa Tost Planet y Dagoberto Márquez Sicilia con sus hijas Pepita, Carmen y Esperanza, Ciudad de México, años 40.

En febrero de 1939, al igual que cientos de miles de personas, mi abuela, que ya se había casado con mi abuelo Dagoberto Márquez Sicilia, originario de Río Tinto, Huelva, y que estaba en el frente, huyó caminando hacia Francia con mi madre recién nacida, su madre y sus hermanos pequeños. Mientras estaba en un campo de refugiados, a través de la Cruz Roja tuvo noticias de su esposo Dagoberto y decidió regresar a España para reencontrarse con él, dejando a su madre y hermanos en Francia, a los que no volvería a ver hasta 30 años después.

Cuando mis abuelos se reencontraron, vivieron en Cataluña hasta que decidieron venir a México, huyendo de la represión franquista. Primero lo hizo mi abuelo, aconsejado por su hermano mayor, quien había llegado unos años antes en el Sinaia. Unos meses después, lo siguieron mi abuela junto con sus hijas Pepita, de 11 años; Carmen, de 6, y Esperanza, de 11 meses. Ya instalados en México, nació Dagoberto, el único varón. El viaje lo hicieron en un vapor, Monte Albertia, que era principalmente de carga pero que también tenía una sección para pasajeros. Mes y medio duró la travesía, que zarpó de Barcelona e hizo escalas en Cádiz, La Guaira, Barranquilla, Curazao y La Habana, antes de llegar a Veracruz. Mis abuelos vivieron al principio en la colonia Tacubaya de la Ciudad de México, pero algunos años después se cambiaron al edificio Casa Nueva, ubicado en la calle Isabel la Católica en el centro histórico, en donde además de mis abuelos, vivieron mis padres y las dos hermanas de mi madre con sus respectivas familias. Durante mi infancia y parte de mi adolescencia, la Nochevieja siempre se celebró en alguno de los departamentos de la familia.

Josefa Osuna Márquez (Hermosillo, Sonora)

EL COCIDO

La *escudella* de mi abuela Pepita Márquez Tost

PARA 10 PERSONAS

INGREDIENTES

•1 kg de garbanzos (remojados desde la noche anterior y escurridos) •1 hueso de jamón serrano •2 kg de aguja de res •2 kg de chambarete •1 kg de oreja o trompa de cerdo •350 g de tocino •1 kg de carne molida de res •Perejil picado •1 huevo •¼ de taza de pan molido (remojado en un poco de agua) •Harina, la suficiente para revolcar las pilotas •1 kg de muslos de pollo deshuesados •2 butifarras blancas y crudas •1 chorizo •5 papas •1 col •2 morcillas de arroz •Sal y pimienta •2 paquetes de fideos (La familia Oliart Ros recomienda usar galets para la sopa de la escudella, pasta en forma de concha que se usa en Cataluña para preparar las sopas navideñas)

PREPARACIÓN

PARA EL RELLENO:

Remojar los garbanzos una noche antes, y colarlos por la mañana. En un cazo pequeño, hervir el hueso de jamón serrano durante 15 minutos para quitarle las impurezas. En una olla grande, agregar tres cuartas partes de agua, los garbanzos, el hueso de jamón, la aguja de res, el chambarete, la oreja o trompa de cerdo y el tocino. Poner a fuego alto y, cuando comience a hervir, bajar el fuego y tapar. Dejar hervir por aproximadamente dos horas, destapando de vez en cuando para retirar las impurezas con una espumadera. Para la pilota, mezclar la carne molida con perejil picado, un huevo y un poco de pan molido remojado en agua; sazonar con sal y pimienta. Formar una bola grande y pasarla por un poco de harina. Cuando los garbanzos estén a medio cocer, agregar el pollo, la pilota, las butifarras y el chorizo. Se recomienda tener siempre agua caliente para ir agregándola a la olla conforme se vaya evaporando el caldo. Agregar sal al gusto, cuidando con excederla porque los embutidos ya contienen sal. Tapar de nuevo y cocinar por otra hora. Pelar y cortar las papas en trozos; partir la col y agregarlas a la olla cuando las carnes estén casi listas, añadir las butifarras y dejar hervir media hora más o hasta que se cuezan las papas. En este punto, se puede probar el caldo para ver el grado de sal y ajustarlo. Una vez cocidos todos los ingredientes, apagar la olla, colar el caldo y vaciarlo a una olla más pequeña. Agregar los fideos (o galets) sin freír. Hervir la sopa de 8 a 10 minutos hasta que se cueza la pasta. Servir la sopa primero y, después, colocar las carnes y legumbres en una o varias bandejas al centro de la mesa para que cada comensal se sirva a su gusto.

Mi abuela Josefa Márquez Tost y nació en 1938, en medio de la guerra, en Sant Feliu de Llo-bregat. Su padre, Dagoberto, era andaluz y su madre, Josefa, catalana. En 1950, mi bisabuela, mi abuela, de 11 años, y sus dos hermanas, emprendieron su viaje a México a bordo del barco de vapor Monte Albertia, desde Barcelona. Su padre había llegado unos meses antes por recomendación de su hermano Conrado, que había venido a México como asilado político a bordo del Sinaia. De nuevo junta la familia, se establecieron en la Ciudad de México y en 1952 nació su cuarto hermano, Dagoberto.

En 1958 se casó con José Luis Osuna Osuna, mi abuelo, también exiliado español. En 1961 se mudaron al centro de la ciudad, a la calle Isabel la Católica, y con el tiempo el resto de la familia se fue mudando también al mismo edificio. Mi madre, nació en 1965 y también la llamaron Josefa, en 1968 nació Maricarmen, la segunda.

En su nuevo hogar, mi abuela buscaba la forma de traer la vida familiar a la que estaba acostumbrada. Fue entonces que recordó la vieja costumbre catalana de preparar escudella i carn d'olla (cocido en el resto de España) en Navidad, así que decidió recuperarla. Me contó mi abuela, que en Cataluña no se suele festejar la Nochebuena y que la gente solamente asiste a la Misa de Gallo, la celebración más grande es el día de Navidad con la escudella y al día siguiente que es San Esteban, se suelen hacer canelones o croquetas con las carnes que sobraron. Aunque cuando ella era chica durante la posguerra no tenían mucha comida para preparar la escudella ni mucho menos sobraba para las croquetas.

Pepita Márquez Tost, la yaya Tost Planet y Camila Soto Osuna, Ciudad de México, 1992.

Así desde 1979, todos los 25 de diciembre mi abuela se levanta temprano a preparar una gran olla de cocido para recibir a familiares y amigos, los ingredientes los compra desde días antes en el mercado de San Juan. Se ha vuelto toda una tradición y ha habido años en los que han llegado más de 30 invitados. Hoy mi abuela tiene 83 años y, desde hace 3, mi tía Maricarmen ha tomado la estafeta de la preparación de la escudella, la verdad es que no le sale mal porque, como decía mi bisabuela, «si tiene puras cosas buenas tiene que saber buena». Pero ahora que mi abuela me ha contado su receta con lujo de detalles, en un futuro puedo ser yo la que la haga para seguir celebrando la Navidad con familia y amigos.

Camila Soto Osuna (CDMX)

LOS ARROCES

Arroz mixto a la paella
de Rómulo García Agut

El platillo es comúnmente conocido entre los hablantes de castellano como paella, nombre en valenciano del sartén en el que se cocina. Dicho sartén se conoce en español o castellano como paellera, pero esto es una hispanización más o menos incorrecta, ya que para un hablante del valenciano resulta una repetición excesiva o pleonasmo.

PARA 10 PERSONAS

INGREDIENTES

- 1 kg de arroz Morelos®
- 150 ml de aceite de oliva extra virgen
- 2 cucharadas grandes de pimentón dulce español (si es posible, de la Vera)
- 3 g de azafrán
- 3 l de agua (más la añadida durante la preparación)
- Sal
- ¼ filete de cerdo, cortado en dados
- 1 pollo troceado en 10 piezas (incluidos el guacal y las menudencias: hígados, molleja y corazón)
- 20 camarones con cabeza
- 2 jitomates (escalfados para pelar y machacados)
- 6 dientes de ajo
- 4 pimientos morrones rojos frescos (asados, sin piel y cortados en tiras)
- ¼ de ejotes limpios y sin hebras
- 150 g de chícharos

Opcional: 6 alcachofas pequeñas (cortadas en 4 partes). Si se quiere conservar los corazones, añadir limón, para evitar la rápida oxidación de la alcachofa antes de integrarla

PREPARACIÓN

SOFRITOS:

1. A fuego alto, cubrir el fondo de la paellera con aceite y sofreír los dientes de ajo; cuando se empiecen a dorar ligeramente, añadir los hígados, la molleja y el corazón salados. Cuando ya estén muy dorados, sacar (comer calientes, recientes, como botana o aperitivo para el cocinero y sus ayudantes).
2. Salar y sofreír los camarones; cuando estén a medio hacer, añadir los pimientos morrones sin piel y cortados en tiras; una vez que estos se sofrían, retirar ambos ingredientes y reservar.
3. Salar y sofreír la carne de cerdo y de pollo; cuando las carnes se doren, retirarlas hacia los lados para dejar un hueco en medio, en el cual se añadirán los ejotes, los chícharos y las alcachofas. Agregar sal y revolver hasta que las verduras se salteen bien.
4. Realizar de nuevo un hueco al centro y echar el jitomate machacado; cuando este hierva, hacer otro hueco, agregar el pimentón y revolver todo de nuevo.

5. Para la pilota, mezclar la carne molida con perejil picado, un huevo y un poco de pan molido remojado en agua; sazonar con sal y pimienta. Formar una bola grande y pasarla por un poco de harina.

COCCIÓN:

1. Añadir al sofrito los tres litros de agua y la sal; en este paso hay que fijarse muy bien a qué altura del sartén o paellera llega el agua, porque se debe añadir más según se vaya consumiendo, de modo que se conserve el nivel original (es decir, mantenerla con tres litros; una ventaja es que las paelleras tienen por dentro unos remaches de las asas y ese suele ser el nivel de agua necesario). Dejar hervir por una hora.
2. Probar de sal y rectificar, porque el arroz endulza. Añadir el azafrán, poner el fuego al máximo y distribuir la cocción de forma pareja a lo largo del sartén.
3. Añadir el arroz y distribuirlo por todo el sartén. Nunca se debe tocar el arroz porque se bate y se echa a perder la paella. Mantener en un punto fuerte de hervor durante media hora. A los 3 o 4 minutos de echarlo, el arroz se empezará a abrir y absorberá el agua, por lo que, a medida que esta se reduzca, se deberá bajar el fuego.
4. Cuando falten 5 minutos para la media hora, el arroz debería estar casi seco (si no es así, subir el fuego hasta lograrlo). Distribuir los camarones y los pimientos, y cubrir toda la paella con un trapo de tela humedecido hasta que el arroz termine de cocerse de la parte superior hasta completar la media hora de cocción.
5. Retirar del fuego, dejar reposar unos minutos y servir.

Rómulo García Agut como paellero de una boda familiar, Ciudad de México, 1997.

Desde pequeño aprendí en la cocina de mi abuela, Enriqueta Armer, y mi madre, Enriqueta Agut, diversas recetas de arroz típicas de su tierra de origen, Castellón, como el *arros al forn* (al horno) o el *arros amb fesols i naps* (arroz con alubias y nabos), pues es imposible hacer un arroz a la paella sin tener buen dominio de la cocción de este cereal. De adolescente, en las reuniones y celebraciones de la Casa Regional Valenciana de México, que agrupaba al exilio republicano valenciano, algunos de los mayores que eran expertos paelleros me ficharon como pinche y me fueron enseñando el «oficio». Sus nombres eran Antonio Pastor, Vicente Tineo y Enrique Aracil. Los miembros de la también conocida Casa Valencia celebraban, incluso, «Fallas» en los sesenta y setenta, con concursos de paellas que, por supuesto, eran a la leña. Yo gané en los años 64 y 65 el tercer premio; en el 66, 67 y 68 el segundo; y en el 69 gané el primero.

Siempre le he cocinado paella a mi familia para los cumpleaños y otras celebraciones especiales, visitas de familiares y para amigos que viven fuera, y en general cuando mi gente me lo ha pedido, siempre y cuando me acompañen durante el tiempo de la elaboración; aunque cocinar en gas limita el número de raciones dependiendo de los fuegos que tengas, en casa salen hasta 30.

En celebraciones grandes y al aire libre, he hecho grandes paellas en leña en diversos tipos de fiestas, entre ellas las verbenas del Colegio Madrid con la ayuda de mi mujer e hijos, en su famoso sartén ¡de 100 raciones!, y en las comidas de exalumnos, además de las mencionadas paellas de las distintas celebraciones de la Casa Valencia. Ocasiones especiales fueron la bienvenida al Valencia Club de Fútbol, en su segunda gira por México en 1966, o la que hice a los redactores y al director de la revista *Siempre!*, José Pages Llervo, en 1965. También en Acapulco o Cuernavaca, con amigos, hice paellas grandes para algunas bodas con ayuda de mis hijos..., y tuve la suerte de ser ayudante de paellero en las Fallas de Valencia de 1976.

Mis padres, Rómulo García Salcedo, valenciano, y mi madre, Enriqueta Agut Armer, se casaron en 1938 y se trasladaron a Gualba, hasta que, en febrero de 1939, ella, embarazada, atravesó la frontera con Francia, cruzando los Pirineos. Tras dar a luz en Grenoble se embarcó con su hija Adela, mi hermana, su marido y su hermano, el pintor Pepe Agut, rumbo al destierro mexicano en el buque Sinaia. Mi madre era una mujer comprometida, se afilió a la FETE y a las juventudes de Esquerra Republicana y al Frente Popular Femenino. Fue una de las oradoras más activas de Valencia, lo que le valió el sobrenombre de «La palometa del Front Popular». Feminista convencida, fue secretaria de la Agrupación Femenina de Dones Antifeixistes, y formó parte de la redacción de la revista *Pasionaria*. Al llegar a México, se instalaron en la capital, donde vivieron el resto de sus vidas.

Rómulo García Agut (CDMX)

Ingredientes

2 tazas de arroz lavado y frito
1 pollo pequeño partido en 8-10 pedazos
-½ lb de maciza de puerco partida en trocitos
-½ lb de carne de puerco molida (para albondiguitas)
1½ pimientos medianos en trocitos de ½ in²
1½ tomates (rojos, del tamaño que tienes en el refrigerador) picado
½ cebolla mediana picada
½ lb (o menos) de chícharos (pelados)
" de ejotes (partidos a la mitad si necesario)
* Habas (si encuentran => reducir chícharos)
2 alcachofas partidas (en 4 c/u)
pimentón colorado
pimienta
canela
perejil
1 huevo
* azafrán (si quieren)
* Una lata de almejas (opcional)
* 6-8 camarones (si quieren)
* hongos

Modo de hacerse:

a) Se calienta un poquito de aceite y se pone el puerco en trozos y el pollo y se fríe como para comerse (con sal y pimienta) y camarones más tarde porque se fríen menos

b) Se agregan las alcachofas y se van agregando, para freír, pimiento, habas, ejotes y chícharos. Una vez estén ± fritos, se agrega la cebolla y cuando ésta esté frita, se agrega 1½ cucharada sopera de pimentón colorado, agregar el tomate para evitar que se queme éste último.

c) Agregar agua. 4 tazas de agua y notar donde llegan en el sartén, porque es ± lo que necesitará el arroz. Ya pueden agregar más agua, ya que tiene que hervir un rato. Agregar sal al gusto y esperar que sepa muy rico
En el momento de irse a bañar

d) Ya que esté rico el caldito, agregar el contenido completo de la lata de ostiones ó almejas, agregar el azafrán*, hongos, las albondiguitas**, y es el momento de distribuir con el cucharón el arroz en el sartén y ¡Magia! un poquito de canela

e) Tener preparada agua caliente, poder subir el fuego ó poder tapar el sartén, según vean como va el arroz

f) Una vez decidido que está listo, se apaga el fuego, se tapa y se deja reposar (como los niños [illegible]) [illegible]

* Poner un poquitito en una tazita con agua y para servirla, apachurrarla con una cuchara

** Mezclar la carne molida con pimienta, el huevo, perejil sal y un poquito de nuez moscada. Hacer las bolitas

---

Receta de paella escrita a mano por Rosalía Ridaura Sánz a su hijo Hernán y familia cuando vivían en Boston.

Arroz caldoso
de Miguel Nadal Capó

PARA 8 PERSONAS

INGREDIENTES

PARA EL ARROZ: •4 cucharadas de aceite de oliva •3 dientes de ajo, picados finamente •1 kg de pescado en trozos, sin espinas •14 camarones pelados, sin cabeza, con cola •8-10 calamares en aros •2 dientes de ajo (machacados en mortero con una rama de perejil y 3-4 cucharadas de agua) •2 tazas de arroz

PARA EL CALDO (FUMET): •4 cabezas de pescado, cabezas y cáscaras de los camarones •½ cebolla troceada •2 dientes de ajo partidos •2 ramitas de perejil •1 pizca de azafrán (asado, sin que se queme, machacado en mortero, o con la parte de atrás de una cuchara e hidratado con un poco del fumet caliente) •jugo de ½ limón (o al gusto) •Sal al gusto

PREPARACIÓN

Calentar 4 litros de agua en una olla y agregar las cabezas de pescado, las cáscaras y cabezas de camarón, la cebolla troceada, el ajo y el perejil. Llevar a hervor, quitar la espuma que sube a la superficie y bajar el fuego para que se cocine todo durante 2 horas. Colar y medir 8 tazas de fumet. Sazona con el azafrán, limón y sal. Reserva. En una paella o sartén extendido, calentar el aceite de oliva, freír el ajo y, antes de que se dore, agregar el pescado, los camarones y los calamares; freír unos instantes. Agregar los 2 dientes de ajo machacados con el perejil y cocer durante unos minutos; verter las 8 tazas de caldo (ya sazonado) que se reservó, hervir y agregar el arroz. Cocinar durante 20 minutos o hasta que el arroz esté cocido. Servir de inmediato.

Esta receta la hacía mi abuelo, Miguel Nadal Capó, de Inca, Mallorca. Mi abuela, Basilia Juana Petra Almudí López, de Zaragoza, también cocinaba muy sabroso; sin embargo, pensé que quizá habría menos platillos realizados por hombres.

Él fue telegrafista, oficial segundo del cuerpo de Baleares. Durante la guerra civil estuvo en Barcelona; en 1936 se integró como teniente. Mi abuelo conoció a mi abuela en Barcelona y se casaron en 1938. La abuela atravesó Francia en 1939, estuvo en el campo de Quiberon, y llegó a México en el buque Ipanema en 1939. Mi abuelo también cruzó a Francia ese año, donde fue internado en el campo de Argelès sur Mer y llegó a México en el buque Sinaia.

Miguel Nadal y su nieta Laura Filloy, Ciudad de México, años 70.

LAURA FILLOY NADAL (NUEVA YORK)

Arròs passejat
de Isabel Álvarez Navasquillo

INGREDIENTES

• 3 tazas de arroz frito • 2 tomates (el saladet o guaje es menos ácido) en rodajas de 1 cm • 6-10 ajos según el gusto (en casa ponen una cabeza de ajos entera) • Aceite de oliva • Sal • Consomé de pollo en polvo

PREPARACIÓN

Acomodar el arroz formando una capa en la cazuela y colocar los dientes de ajo, a los cuales se les hace una pequeña incisión con un cuchillo; acomodar encima las rodajas de tomate. Añadir sal al gusto y caldo (doble menos uno de agua tibia, en la que se recomienda disolver una cucharadita de consomé de pollo en polvo para reforzar el sabor). Agregar un chorrito de aceite de oliva y unas ramitas de perejil, el cual, ya tostadito, brindará un mejor sabor. Meter en el horno previamente calentado a 220 °C durante 45 minutos o 1 hora. Se debe vigilar con constancia pues el tiempo dependerá mucho de cada horno, de manera que no se haga pastoso ni tostado encima y crudo por debajo. Lograr el punto exacto lleva algunos intentos, pero el resultado vale la pena. Puede servirse como acompañamiento de otros guisos o como plato único, pudiéndose acompañar con un huevo frito encima o chorizo frito (en rebanadas o trocitos pequeños).

Mi abuelo, el avi Vicente Ridaura Álvarez, era valenciano, de Carlet. Valencia es una de las regiones arroceras más importantes de España y aunque es conocida por su famosa paella, existen tantos platos de arroz como días tiene el año: con carnes, con hortalizas, secos, caldosos, fritos, con costra… Uno de mis favoritos es el arroz al horno.

Cuando el avi era niño, las casas no tenían horno, las comidas que lo requerían se llevaban a cocer a la panadería del pueblo. De ahí que a este arroz se le llame también *arròs passejat* (arroz paseado). Contaba la mamá del avi (Isabel Álvarez Navasquillo) que, hacia mediodía, pasaban las mozas con las cazuelas camino al horno. Este paseo permitía a los vecinos ver el contenido del arroz, que era un indicativo de las posibilidades económicas de la familia.

Isabel Alvarez Navasquillo con nietos, Tampico, años 50.

Isabel Ortega Ridaura (Boca del Río, Veracruz)

Arròs al forn
de María Estruch Noverques (y nuestras pilotas)

INGREDIENTES

- 100 ml de aceite de oliva
- 1 cabeza de ajos sin pelar (limpia y seca)
- 300 g de costillas de cerdo en trozos
- 2 rebanadas gruesas de tocino en cubos
- 2 morcillas de cebolla
- 1 papa grande cortada en rebanadas de 1 cm
- 250 g de garbanzos, previamente cocidos
- 500 g de arroz
- 3 jitomates (1 pelado y triturado; los otros 2 lavados y cortados en rodajas de 1 cm)
- ½ cucharada de pimentón
- 1 l de agua o caldo
- Unas hebras de azafrán tostado
- Sal al gusto

INGREDIENTES OPCIONALES

- Carnes: pata de cerdo (partida en trozos), cachete, maciza, chorizo español, chambarete y pilotas (albóndigas). Para las pilotas: en un tazón, mezcla 400 g de carne molida, un huevo batido, 2 o 3 cucharadas de pan molido, 1 ajo picadito, una pizca de canela, una pizca de clavo, unas ramas de perejil picado y sal. El pan molido y el huevo sirven para ligar, así que se puede añadir más si es necesario. Con esa mezcla se obtienen de 6 a 8 bolas de carne (pilotas) grandes o de 10 a 12 pilotas chicas, que se colocarán dentro de la cazuela, una vez que se haya añadido el caldo.
- Verduras: un nabo (pelado y cortado en rodajas) y una cabeza de ajo.

PREPARACIÓN

1. Calentar el aceite de oliva, preferentemente en una cazuela de barro.
2. Freír la cabeza de ajo, las costillas de cerdo, el tocino y las morcillas. Retirar y reservar.
3. Freír las papas, retíralas y reservarlas.
4. Freír los garbanzos y el arroz por 2 o 3 minutos. Agregar y freír el jitomate triturado.
5. Añadir una cucharadita de pimentón, remover enseguida (para que no se queme) y agregar el caldo o agua caliente y las hebras de azafrán.
6. Colocar la carne, la morcilla y el tocino troceado que se reservaron; distribuir, procurando que quede la cabeza de ajo en el centro.
7. Acomodar las rebanadas de papa, nabo y jitomate alrededor.

8. Prueba y añade sal si es necesario.
9. Meter la cazuela al horno caliente durante 15 a 20 minutos. Probar unos granos de arroz para verificar el punto de cocción.
10. Sacar del horno y llevarlo a la mesa en la misma cazuela.

La receta del arroz al horno la aprendí con mi abuela, María Estruch Noverques, que era de Catadau, Valencia, en su casa de la Ciudad de México. Mi mamá y mi abuela lo cocinaban con frecuencia, desde que yo era pequeña. Conviví mucho con mis abuelos maternos y con mi tía abuela Mercedes y, al ser valencianos, en la casa a menudo se preparaba comida de Valencia, pero el arroz al horno regularmente lo comíamos el fin de semana, cuando nos reuníamos con la familia o los amigos. La preparación se hacía siguiendo la receta original de la abuela, pero cuando no era fácil conseguir morcilla, no se le ponía.

Mi abuela se ocupó de criar a sus hijas, mi tía Marita y mi madre Dolores, durante la guerra y la posguerra, porque su marido, Guillermo Manaut Viglietti, que militaba en Esquerra Republicana, se fue al frente. Mi abuelo, su hermano y mi bisabuelo José Manaut Nogués, de 80 años, tuvieron que huir porque estaban sentenciados a muerte y se exiliaron en México, a donde mi madre, su hermana y mi abuela llegaron años después, en 1947, para reunirse con ellos. Una vez en México, nació la última hermana de mi madre, mi tía Maya, la única que aún vive.

ALMENDRA SCHULZ MANAUT (CUERNAVACA, MORELOS)

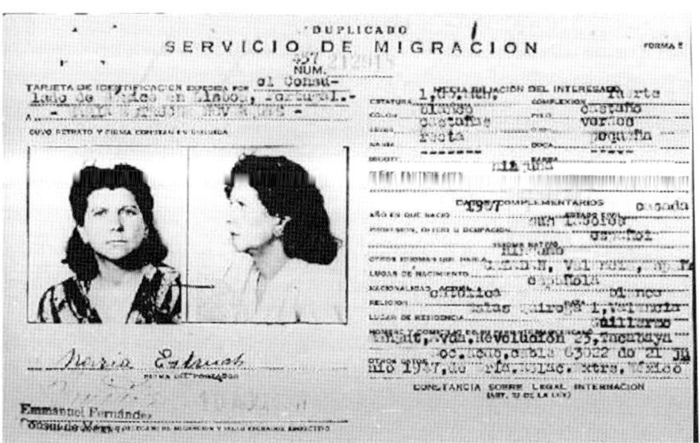
DUPLICADO

SERVICIO DE MIGRACION

NUM.

TARJETA DE IDENTIFICACION EXPEDIDA POR el Consu-

MEDIA FILIACIÓN DEL INTERESADO

ESTATURA 1,

COMPLEXION fuerte

castaño

DATOS COMPLEMENTARIOS

AÑO EN QUE NACIO

CONSTANCIA SOBRE LEGAL INTERNACION

Emmanuel Fernández

Ficha migratoria de entrada a México de María Estruch Novorqués, Veracruz.

CARNES GUISADAS

Conejo en salsa de almendras
de Rosa Emilia Poy Martí

PARA 2 A 4 PERSONAS

INGREDIENTES

- 1 conejo mediano cortado en trozos
- Sal
- Pimienta
- 1 manojo chico de perejil
- 1 cucharadita de harina
- 1 docena de almendras peladas
- Aceite de oliva

PREPARACIÓN

1. Comprar el conejo en el Mercado de San Juan, por lo menos un día antes de cocinarlo. Dejar la carne bien cubierta en la cocina toda la noche.
2. Una hora o más antes de cocinarlas, frotar las piezas de conejo con sal y pimienta y dejar reposar.
3. En la licuadora, moler el resto de los ingredientes con un poco de agua: el manojo de perejil, la harina, las almendras peladas y sal al gusto, hasta obtener una salsa.
4. Freír las piezas de conejo en aceite de oliva.
5. Cuando estén a punto de dorar, añadir la salsa y hervir a fuego lento hasta que la salsa espese y la carne esté cocida y suave.

Se puede acompañar con una docena de *rovellons* que también venden en San Juan. Los *rovellons* se limpian de toda la tierra, y se ponen en la plancha con ajo y perejil bien picado y unas gotas de aceite de oliva.

Mis recuerdos de infancia son siempre con Rosa. Todos los sábados, mi madre, María de la Luz Gayol Mejía, y yo íbamos a buscarla a su departamento en Iztaccíhuatl 27 para ir, un sábado sí y otro no, a hacer la compra de la quincena al Mercado de San Juan. Ahí era donde Rosa compraba el conejo con el que hacía su guiso o los calamares, que también eran una delicia. Además, todos los sábados se hacía la compra en el Mercado de Medellín. Los cumpleaños siempre los pasábamos juntos, así como la mayoría de los domingos. A veces mi madre me dejaba con ella y yo aprovechaba para pedirle que me cantase canciones en catalán. Recuerdo claramente que Rosita tenía en su cocina el famoso recetario que estaba en casa de todos los exiliados catalanes, el de Ignasi Domènech, *La Teca*.

Rosa Poy, odontóloga infantil y maestra de Roquetes, Tarragona, llegó a Veracruz en 1942, a bordo del Nyassa. En España, Rosa había sido una activa feminista, miembro de Esquerra Republicana de Catalunya y luego delegada de los comités cuáqueros de ayuda a los refugiados españoles en Francia. Rosa también se había dedicado a la odontología infantil desde su práctica en el ayuntamiento de Barcelona durante la II República (toda una historia en los campos de concentración de Francia). La cuestión es que Rosa había ido perdiendo paulatinamente la vista por una cuestión de cataratas y había un grupo de mujeres en la Asociación Dental que la iban a ver de vez en cuando para apoyarla (algo similar a lo que ahora definimos como «sororidad»). Una de ellas, Alicia Lazo de la Vega (la segunda ortodoncista mexicana posgraduada), invitó un día a mi madre —a quien Rosa llamaba Luz— a esas visitas esporádicas, y luego Luz empezó a visitarla todos los días saliendo de su consulta para charlar y ver si necesitaba algo. Como Rosa, al perder la vista, no podía seguir atendiendo su consultorio dental, para allegarse el sustento, tejía suéteres, chalecos y bufandas que mi madre y Rolanda Falcó (Rolanda Labaume, viuda del exiliado Celestino Falcó y madre de Raúl Falcó) le ayudaban a vender. Serían los años cincuenta.

Rosa viajó a Barcelona para operarse las cataratas en la clínica de Ignacio Barraquer. Luz no la pudo acompañar, pero al regreso se dedicó cotidianamente a acompañar a Rosa en su recuperación. Creo que todo eso las hizo muy allegadas. Cuando mi madre se casó en 1963, y cuando, al darse cuenta de que no era un buen matrimonio, Rosa siempre estuvo con ella. Rosa tenía casi la misma edad que la madre de Luz. Hay algo curioso: nací el día en que Rosa también celebraba su cumpleaños, un 20 de abril.

Víctor Gayol (Zamora, Michoacán)

Rosa, Victor Gayol, Balbina Garau y Luz, Museo Anahuacalli, circa años 50. Foto de Enric Galicia i Altaba.

Guiso de cuete con puré de papas
de Maruja Corripio Izquierdo

INGREDIENTES

PARA EL GUISO DE CUETE:

- Aceite de oliva, el necesario
- 1.5 kg de cuete de res
- 1 pimiento verde lavado, sin semillas, partido en tiras (o trozos)
- 1 rama de apio lavada y cortada en trozos medianos
- 1 jitomate picado
- ½ cebolla partida en cuartos
- 2 zanahorias medianas peladas y partidas en trozos
- 2-3 dientes de ajo (al gusto), pelados
- Sal y pimienta al gusto

PARA EL PURÉ DE PAPA:

- 4 papas medianas peladas
- 1 lata de leche evaporada (puede ser fresca)
- 1 barra chica de mantequilla
- 100-200 g de queso parmesano rallado
- Especias al gusto (se recomienda nuez moscada)
- Sal y pimienta
- Aceite de oliva

PREPARACIÓN

PARA EL GUISO DE CUETE:

1. Calentar el aceite de oliva en una olla exprés; ya que esté bien caliente, sellar el cuete por todos lados (para evitar que se desmenuce excesivamente), hasta que quede un dorado parejo.
2. Agregar sal y pimienta. Añadir todas las verduras a la olla y cubrir todo con agua. Cerrar la olla.
3. Una vez que hierva, bajar el fuego y esperar alrededor de 30 a 45 minutos después del silbido de la olla exprés (el tiempo dependerá de la eficiencia de la olla). Para asegurar la cocción de la carne, se recomienda revisar de vez en cuando; su textura debe quedar suave y blanda.
4. Retirar el cuete y rebanar en trozos de 1 cm de grosor. Licuar toda la verdura junto con el caldo de la carne que resta en la olla (esta será la salsa del platillo. El espesor de la salsa se logrará incorporando la cantidad de caldo al gusto).
5. Ajustar de sal y pimienta.
6. Verter la salsa sobre el cuete rebanado. Servir bien caliente con el puré de papa.

PARA EL PURÉ DE PAPA:

1. Colocar las papas en una olla y cubrir con agua. Hervir por 30 minutos aproximadamente, o hasta que se suavicen.
2. Una vez cocidas las papas, escurrir y aplastar (con un aplastador de papas, o con un tenedor) hasta que no queden grumos.
3. Agregar poco a poco el resto de los ingredientes (puede ser en mayor o menor cantidad, de la sugerida, según el gusto de quien lo prepara) hasta obtener un puré suave y cremoso.
4. Agregar sal y pimienta (también nuez moscada o alguna especia que se desee). Cuando se obtenga la cremosidad y sabor deseado, agregar un chorrito de aceite de oliva y revolver nuevamente.
5. Acompañar el platillo con un buen trozo de pan; si es de un día para otro, mejor.

Nuestra abuela paterna, María Luisa Corripio Izquierdo, mejor conocida como Maruja, aunque no gustaba de la cocina tanto como de la lectura, la cultura y las artes, sabía que la comida se hacía con el corazón en la mano y, en todas sus recetas, ese era su toque. Cocinaba para hacer sentir feliz y contenta a su familia y amigos.

La misma Maruja nos enseñó a hacer este platillo que habíamos disfrutado a lo largo de toda la vida. Era un platillo habitual en su cocina que no necesitaba de ninguna ocasión especial; como quedaba tan rico y era tan reconfortante, con frecuencia se lo pedíamos a la abuela. La receta del cuete con puré de patatas no ha sufrido variaciones hasta ahora.

La abuela Maruja llegó a México con sus padres, Andrés Corripio Arenas, telegrafista asturiano, y María Luisa Izquierdo, mecanógrafa, y una hermana menor, Marisol, después de un periplo terrorífico. De Burdeos, Francia, llegaron a la República Dominicana en el vapor La Salle, de donde fueron expulsados por la segunda dictadura que enfrentaban en menos de diez años y, finalmente, llegaron a México en una pequeñísima embarcación carguera que se extravió en medio de la nada y que alcanzó su destino gracias a la radiocomunicación con un buque mayor que se encontraba en el camino (si ese buque hubiera ido a Brasil, por ejemplo, en lugar de a México, quien escribe no habría visto jamás la luz).

Maruja conoció, durante su juventud en la Ciudad de México, a nuestro abuelo, Julián Atilano Atilano, madrileño, que había llegado a México a bordo del Sinaia, junto con sus padres y hermanos. Años después, Maruja y Julián se casaron y tuvieron un solo hijo, nuestro padre, Mario Atilano Corripio.

RODRIGO Y XIMENA ATILANO CARSI (CDMX)

Maruja Corripio Izquierdo, Ciudad de México, años 90.

Carne al limón
de Maricarmen Mahojo Menéndez

PARA 4 PERSONAS

INGREDIENTES

• 1 kg de carne (en 6-8 bisteces) • 1 rama de perejil • 1 diente de ajo, pelado • 250 g de pan molido • 1 taza de aceite de oliva • 8 limones • Sal y pimienta

PREPARACIÓN

Picar el perejil y el ajo. Mezclarlos con el pan molido. Salpimentar los bisteces y exprimirles dos limones, luego, empanizarlos con la mezcla del pan molido y enrollarlos. Aceitar un refractario de horno y colocar los bisteces en rollos de manera que no se encimen. Rociar un chorro generoso de aceite de oliva y exprimir un limón entero a cada rollo. Meter al horno precalentado a 180 °C durante 15 a 20 minutos, aproximadamente, hasta que se doren.

Maricarmen era muy generosa, a su mesa llegaban siempre muchos invitados (desde 12 hasta 16 personas en cada comida, de lunes a viernes). La receta de la carne al limón, al igual que otras, nos la contó seguramente mientras saboreábamos dicho platillo. Maricarmen tenía algunos secretos que aplicaba para muchas de sus preparaciones, algunos que le oí confesar fueron: un buen carnicero y un buen horno. Creo que en ninguna casa he visto el horno encendido durante tantas horas ni comiéndose tanta «ternera chica», como llamaba Maricarmen a la carne de res magra y muy suave.

En la familia no estamos seguros de la procedencia de esta receta, algunos creemos que tal vez resultó de una ojeada a una revista femenina y que a Maricarmen le gustaba siempre tener en su casa. Confirmamos las sospechas, pues no recordamos que Maricarmen defendiera el origen asturiano del plato. Pensamos que la carne al limón puede ser una prima más pequeña, alimonada, emperejilada, sin queso y sin jamón de un cachopo asturiano. Tal vez algún día demos con el origen de tan suculento y sencillo plato.

La carne al limón se servía con frecuencia, y formaba parte importante de «las complacencias». Su hijo Carlos la pedía por ser uno de sus favoritos, y Benito, en su cumpleaños. Este plato es el legado de Maricarmen a Carlos, quien es ahora el que lo prepara, aun sin saber su origen. Él advierte que el reto de este platillo es que los sabores logren «equilibrarse», y dice que es un manjar caprichoso, pues puede quedar diferente cada vez, ya sea que se pase de limón, de perejil o de pan, pero, aun así, siempre tiene el sabor de casa.

LOURDES GUZMÁN PIZARRO (CDMX)

Albóndigas al estilo español
de Clotilde Martín Gabarrón

PARA 4 PERSONAS

INGREDIENTES

- 350 g de carne molida de res
- 150 g de carne molida de puerco
- 1 huevo
- 3 dientes de ajo grandes, pelados
- ½ cebolla mediana
- 1 jitomate mediano maduro
- 2 ramas de perejil
- Harina (la necesaria)
- ¼ de taza de aceite
- ¼-½ de corteza de un bolillo
- Leche (la necesaria para remojar el bolillo)
- 2 tazas de caldo de res
- Vino blanco (opcional)
- Sal
- Pimienta negra y nuez moscada molidas

PREPARACIÓN

1. En un tazón, mezclar las carnes molidas y el huevo crudo entero. Sazonar con sal y pimienta. En el molinillo, moler los ajos, la cebolla, el jitomate y el perejil. Reservar la mitad.
2. Mezclar muy bien la otra mitad con la carne, hasta obtener una masa homogénea. Formar bolitas de carne y pasarlas por harina. Calentar el aceite en un sartén y dorar una a una las albóndigas. Reservar.
3. Para hacer la salsa, quitar con una espumadera los residuos quemados (si es que hay) de las albóndigas al freírlas y dejar el aceite restante. Colocar nuevamente el sartén al fuego y freír la corteza de bolillo (remojado en la leche y exprimido) sin que se queme.
4. Pasar la corteza de bolillo frita por el molinillo e integrar con la mitad de la mezcla de ajos, cebolla, jitomate y perejil que se reservó al inicio; llevar todo al sartén.
5. Agregar una taza de caldo, sazonar con sal, pimienta negra y nuez moscada; mezclar muy bien. La salsa debe tener una consistencia regular, ni muy espesa, ni muy ligera, para lo cual se añade el caldo necesario.
6. Agregar las albóndigas, que deberán quedar cubiertas por la salsa. Cocinar a fuego bajo de diez a quince minutos; luego de probar su sazón, si se desea, se puede agregar un poco de vino blanco.

Esta receta de albóndigas es la que considero más representativa de la cocina de mi madre, Clotilde Martín Gabarrón (nació en Bilbao en 1919, murió en Guanajuato en 2012) que, junto con mi padre, Esteban Vega Belinchón, españoles republicanos ambos, zarparon en noviembre de 1939 en el barco La Salle, con destino a Santo Domingo. En 1950 intentaron regresar a España a través de Francia, país donde radicaron un año y, al no darse las condiciones necesarias, de nueva cuenta emigraron, en esta ocasión a México, donde yo nací.

En 1966 trasladaron su librería Atalaya de la Ciudad de México a la ciudad de Guanajuato, donde la dividieron en dos: la Librería Moderna (de libros nuevos), ubicada en la avenida Juárez (hasta 1979, en que la traspasaron a la Universidad de Guanajuato) y la librería Cervantes (de libros antiguos), ubicada en la plaza de San Fernando. Mis padres fueron felices en Guanajuato, dedicándose a sus librerías. Coti, mi madre, se inscribió en la carrera de artes plásticas de la UGTO a sus 55 años. Posteriormente, obtuvo un premio por parte del INBA con el grabado en metal «Las cúpulas de Guanajuato».

Durante el año en que vivieron en Francia, mi madre adquirió un molinillo que se convirtió en una pieza clave en la preparación de estas albóndigas y de diversos platillos que ella preparaba con muy buen resultado en cualquier fecha especial para nosotros, como reuniones familiares y, en particular, cumpleaños. Nos acostumbramos a aquel molinillo al grado de que los herederos de sus recetas consideramos que, para conservar el sello materno debemos utilizar dicho molinillo, que a la fecha tiene 70 años y es parte de la familia Vega Martín.

CARMEN VEGA MARTÍN (IRAPUATO, GUANAJUATO)

Detalle molinillo.

Clotilde Martín Gabarrón, Guanajuato, 1990.

«Qué bien se puede ganar la gloria con la gallina en pepitoria», historia de María Eulalia Bagaría López y receta de Maruja Cobos Panadero

La gallina en pepitoria era uno de los guisos que más le gustaban a mi padre, Amadeo Ribó Cebrián. En muchos de sus cumpleaños, mi madre, María Eulalia Bagaría López, se lo preparaba como se lo habían enseñado su suegra y su cuñada. En mi historia familiar, las mujeres fueron personajes motores en muchos sentidos. A veces, como era habitual en la sociedad del momento, un poco a la sombra de sus esposos, quienes eran personajes más conocidos.

Mi abuela paterna, Carmen Cebrián Fernández de Villegas, originaria de Salamanca, fue la más pequeña de cinco hermanos (cuatro mujeres y un hombre). Todas ellas fueron universitarias y maestras. Antes del exilio, las que tuvieron tiempo de crear una trayectoria profesional se dedicaron a las ciencias y a la enseñanza. Formaron parte del recién creado CSIC (Centro Superior de Investigaciones Científicas) y de la Institución Libre de Enseñanza.

Una vez que estalló la guerra, sus trayectorias profesionales se truncaron. Las que permanecieron en España fueron víctimas de la Ley de Responsabilidades Políticas, que las inhabilitaba para seguir ejerciendo su actividad profesional; mientras, las que salieron al exilio, como fue el caso de mi abuela, que llegó desde La Habana a Veracruz en 1945, dedicaron el resto de su vida a intentar reconstruir lo que quedaba de su familia y restañar emocionalmente las heridas del exilio.

La cocina, la labor (el tejido) y las meriendas de pan con chocolate fueron, de alguna forma, la manera de enseñarnos, a los que nacimos de este lado, algo sobre nuestras raíces. Pasados los años, en Madrid, invité a mi padre y a mi tía a comer a Casa Ciriaco, una de esas antiguas casas de comidas que tenía fama de hacer la mejor pepitoria de España. El plato no tenía nada que ver con el que nosotros conocíamos. Ni de aspecto ni de sabor. La salsa era amarilla y ligera, muy distinta a la densa salsa verde de nuestro recuerdo. En México, mi abuela, mi tía y mi madre habían sustituido las almendras, seguramente más difíciles de encontrar en los mercados, por pepitas de calabaza, un producto local siempre disponible. Mi padre y mi tía salieron decepcionados y despotricando del lugar.

Empecé a indagar entre personas mayores y recetarios tradicionales y descubrí que la receta original era, en efecto, la del restaurante. La historia de la receta de la gallina en pepitoria es para mí la metáfora de cómo fue el exilio de mi familia. No fue un mero traslado de su cultura y costumbres a otro espacio geográfico. Fue un proceso de adaptación, integración y reinvención cultural muy enriquecedor, que dio origen a una peculiar forma de ser hispanomexicanos. Nunca más fueron ni se sintieron únicamente españoles.

Ribó Bagaría (CDMX)

Pollo en pepitoria

PARA 4-6 PERSONAS

INGREDIENTES

•6 piezas de pollo •Aceite de oliva, el necesario •1 cebolla •2 dientes de ajo, pelados •2 puñados (o ½ taza) de almendras •1 pizca de azafrán •1 trozo de pan •1 vaso de vino blanco •2 hojas de laurel •2-3 huevos duros •Sal y pimienta al gusto

PREPARACIÓN

Sazonar el pollo con sal y pimienta. En una olla o cazuela, calentar el aceite de oliva y agregar el pollo; dorarlo de manera uniforme; retirar y reservar. Sofreír la cebolla y los ajos en la olla donde se doró el pollo. Agregar al sofrito las almendras, el azafrán y el pan. Moler todos los ingredientes del sofrito en licuadora o procesador. Separar las yemas de las claras; moler con un tenedor las yemas y mezclar con el sofrito. Regresar la molienda a la cazuela y añadir el pollo que reservaste, cubrirlo con agua, agregar el vino y el laurel, y dejarlo hervir de 30 a 40 minutos hasta que espese. Picar las claras finamente y añadirlas al pollo justo antes de servir. Ajustar de sal y pimienta; servir bien caliente.

Mi madre, María Fernanda (Maruja) Cobos Panadero, nos enseñó esta receta a mi hermana Maribel y a mí, además de un refrán popular sobre este guiso, y que es una gran verdad: «Con gallina en pepitoria, bien se puede ganar la gloria». En los cumpleaños familiares, mi madre cocinaba este pollo —no gallina— en pepitoria, ya que siempre era más fácil encontrar pollo. Además, cambió el azafrán de la receta original por colorante, ya que hace años el azafrán no era común en México. A mi padre, Manuel Concheso Oyarbide, que era madrileño, también le encantaba.

Familia Concheso Cobos y Cobos Panadero, Cazorla, España, circa años 70.

Al final de la guerra, el régimen de Franco les expropió a mis abuelos, Natalia Panadero Almagro y Francisco Cobos Cuesta, el cortijo que tenían en Cabra, Córdoba, y en el que vivían con sus once hijos. Uno de los hermanos mayores de mi madre, mi tío José, veterinario que había ejercido cargos militares en el ejército republicano, tuvo que exiliarse y llegó a México a bordo del Sinaia, en 1939. Poco tiempo después, mis abuelos decidieron viajar a México para reunirse con su hijo, y con ellos, llegó mi madre.

Maruja Concheso Cobos (CDMX)

Gazpacho manchego de Pozo Cañada
de Elena Villalobos Moreno

PARA 4 PERSONAS

INGREDIENTES

PARA EL POLLO:

- 1 cebolla en trozos
- Aceite de oliva, el necesario
- ¼ kg de champiñones
- 3-4 dientes de ajo pelados y picados
- 2 pimientos morrones asados, pelados y cortados en tiritas
- ¼ kg de jitomate picado
- 2 manojos de espinacas, lavadas, escurridas y picaditas
- 1 cucharada de caldo de pollo en polvo (opcional)
- 15 tortas cenceñas (receta abajo) o 15 tortillas de harina, tostadas al horno y cortadas en pedacitos

PARA LAS TORTAS CENCEÑAS (10 RACIONES):

- 200 g de harina de trigo integral
- 110 ml de agua
- 1 pellizco de hebras de azafrán
- 6 g de sal

Las tortillas de harina en México o tortas para gazpachos en España deben ser grandes, delgadas y tostadas al horno.

PREPARACIÓN

PARA EL POLLO:

1. En una olla con suficiente agua, hervir el pollo junto con la cebolla. Una vez hervido, deshuesarlo, deshebrarlo o picarlo en trozos. Reservar.
2. Aparte, freír los champiñones en un sartén junto con el ajo. Reservar.
3. En una cazuela a fuego medio, freír el pimiento junto con el jitomate (durante 8 a 10 minutos).
4. Agregar el caldo de pollo colado (y el caldo de pollo en polvo si se desea).
5. Agregar las tortillas en pedacitos, los champiñones reservados, el pollo deshuesado y, por último, las espinacas, que ya estarán ligeramente cocidas y picadas (aunque no es necesario cocerlas de antemano).
6. Hervir un par de minutos y servir bien caliente.

TORTAS CENCEÑAS:

1. Poner el agua en un cazo y añadir el azafrán. Llevar a ebullición, apagar, añadir la sal y dejar que el agua se aromatice hasta que se enfríe.
2. Pesar en un bol la harina integral, de preferencia que sea floja, pues no se requiere desarrollar miga ni nada parecido.
3. Colar el agua de azafrán, ya fría, encima de la harina y comenzar a amasar a mano hasta que la masa cohesione. Aunque debe quedar dura, si la masa estuviera muy seca e inmanejable, añadir algo más de agua, poco a poco.
4. Guardar la masa en una bolsa o recipiente y dejar que se hidrate por media hora.
5. Dividir la masa en 10 porciones iguales y, manteniendo tapadas las que no se estén trabajando, estirar cada porción en forma de torta muy finita, hasta que tenga un espesor de 1 mm.
6. Calentar un sartén o plancha, engrasar si fuera necesario (aunque no debería serlo, pues no se pegan) y comenzar a cocer las tortas cenceñas por las dos caras, hasta dorarlas.
7. Dejar enfriar sobre una rejilla. Es posible dejarlas al aire perfectamente, pues se trata de que sean duras y secas una vez cocidas.

Elena Villalobos y Pedro Andrés, México, años 40.

Originario de Pozo Cañada, Albacete, Pedro Andrés Rodenas se encargó, durante la guerra, del cuerpo de Transmisiones; y llegó en julio de 1940 a Coatzacoalcos, Veracruz, a bordo del buque Santo Domingo. En un paseo por el lago de Chapala, en Jalisco, conoció a Elena Villalobos Moreno (nacida en Guadalajara, Jalisco) y quedó deslumbrado por su belleza. Fueron pocas las palabras que intercambiaron, ya que a Elena no le apetecía hablar mucho; se encontraba triste y consternada de que el refrán «chivo saltado, chivo quedado» terminara definiendo su futuro: el día anterior, su hermana, tres años menor, se había casado.

A través de este hecho, y por la sección de sociales del periódico *El Informador*, que mi abuelo dio con el nombre de la familia y de ahí todo es historia: 40 años de amor eterno. Se establecieron en Guadalajara, Jalisco. Tuvieron 6 hijos (Elena, Manuel, Pedro, José, Guillermo y Carmen), 18 nietos, 32 bisnietos (y contando), y hasta el momento una tataranieta.

A mi abuela le encantaba coser, pero lo que más le gustaba era cocinarnos y consentirnos a todos sus nietos. En Guadalajara eran famosas las comidas con los Andrés los sábados. Era una sola comida, que duraba de las 8 de la mañana hasta la noche. Normalmente, se trataba de comidas españolas, cuyas recetas mi abuelo tenía en su cabeza, pero era mi abuela quien hacía la magia en la cocina para prepararlas con ingredientes mexicanos.

Esta receta de gazpacho la cocinamos en fiestas (principalmente en el cumpleaños de mi padre, cada 18 de febrero) y reuniones familiares, tal y como se hacía en Pozo Cañada, el pueblo de mi abuelo. Al no haber tortas manchegas en México, por muchos años se sustituyeron por tortillas de harina.

PEDRO ANDRÉS VILLALOBOS (MURCIA, ESPAÑA)

Elena Villalobos y Pedro Andrés, México, años 80.

Butifarras con *rovellons* o con alubias
de Dolores Bosch Toldrá y Marta Ros Bosch

PARA 4 PERSONAS

INGREDIENTES

PARA LAS BUTIFARRAS CON ROVELLONS: • 4 butifarras crudas • Aceite de oliva, el necesario • 500 g de hongos (de preferencia rovellons) • 2 dientes de ajo • 3-4 cucharadas de perejil • Sal al gusto

PARA LAS BUTIFARRAS CON ALUBIAS: • 600 g de alubias (en remojo desde la noche anterior) • ½ cebolla • Sal al gusto • Aceite de oliva, el necesario • 4 butifarras crudas • 2 dientes de ajo, pelados y picados • Vinagre

PREPARACIÓN

PARA LAS BUTIFARRAS CON ROVELLONS: Colocar las butifarras en un sartén grande, con un chorrito de aceite; pincharlas alrededor con un tenedor o cuchillo de punta fina y cocerlas a fuego medio alto. Dejarlas dorar por ambos lados. Finalmente, sacarlas del sartén y colocarlas en un platón. En el mismo sartén, colocar los hongos, que ya deben estar bien lavados y cortados en trozos. Dejarlos cocer a fuego medio unos 5 minutos, darles la vuelta, añadir sal al gusto, y cocerlos hasta que estén tiernos. Colocar las butifarras en el sartén con los hongos, añadir el perejil y los ajos bien picados, calentar todo un momento y servir.

PARA LAS BUTIFARRAS CON ALUBIAS: Hervir las alubias (en remojo desde la noche anterior) con media cebolla. Cuando estén a medio cocer, añadir la sal. Colocar las butifarras en un sartén grande, con un chorrito de aceite, pincharlas alrededor con un tenedor o cuchillo de punta fina y cocerlas a fuego medio alto. Dejarlas dorar por ambos lados. Finalmente, sacarlas del sartén y colocarlas en un platón. En el mismo sartén, colocar las alubias y freírlas un poco; añadir el ajo y freír por 1 o 2 minutos. Colocar las butifarras en el sartén con las alubias, calentar todo un momento y servir. A las alubias se les añade aceite de oliva y vinagre al gusto.

Estas recetas las veía cómo las hacían mi madre, Marta Ros Bosch, y mi abuela materna, Dolores Bosch Toldrá, desde que era pequeña. La butifarra con *rovellons* se comía generalmente en el verano, que es cuando se consiguen los hongos en el mercado, ya que son los ideales para esta preparación, pero no siempre se encuentran en México. En su lugar, se pueden utilizar otras variantes de setas, como clavitos, yemitas, pie de rata, orejas, escobetas o coloraditos.

Hoy en día, es posible preparar la butifarra con alubias que ya se venden cocidas. Otro aspecto fundamental para realizar ambas recetas es animarse para ir al Mercado de San Juan a comprar las butifarras.

ROSA MARÍA OLIART ROS (CDMX)

GUISOS DEL MAR

Pescado en salsa verde
de la abuela Juana Talbaila Lanzagorta

PARA 4 PERSONAS

INGREDIENTES

- Aceite de oliva
- 6 dientes de ajo pelados (2 en rebanadas y los otros 4 picados)
- Sal al gusto
- ½ o 1 taza de harina
- 1 kg de lomo de robalo cortado en trozos
- 1 frasco grande o 2 frascos medianos de espárragos blancos
- 1 manojo de perejil picado
- 1 taza de vino blanco seco para cocinar

INGREDIENTES OPCIONALES:

- ¼ kg de almeja blanca
- ¼ kg de camarón de pacotilla
- 1 huevo duro (en rodajas)
- Chícharos cocidos (para decorar)

Se necesita una cazuela de barro con la forma de una paellera (o puedes cocinarlo en un sartén ancho).

PREPARACIÓN

1. Poner la cazuela a fuego medio y añadirle un buen chorro de aceite de oliva que cubra todo el fondo (como medio centímetro).
2. Cuando esté caliente, agregar los ajos rebanados (cuidar que no se quemen), y cuando estén dorados, retirarlos del aceite.
3. Agregar sal al pescado y pasarlo por la harina para que se forme una capa delgada; después, ponerlo en el aceite caliente.
4. Cuidando que no se rompa, voltear el pescado. Cuando todos los trozos se han pasado por el aceite, por ambos lados, agregar el jugo de los espárragos y sacudir la cazuela para que no se peguen.
5. Espolvorear harina y perejil sobre los trozos de pescado; rociar la salsa y agregar el ajo picado de forma individual sobre cada trozo de pescado.
6. Después, bañar con el vino blanco y agregar sal al gusto a la salsa.
7. Una vez que el pescado esté cocido (4 o 5 minutos), agregar las almejas y los camarones si se desea.
8. Apagar el fuego y tapar con papel aluminio durante 5 a 10 minutos.
9. Se puede decorar el platillo con rodajas de huevo duro y chícharos.
10. Servir.

La receta la aprendí de mi abuela materna, Juana Talbaila Lanzagorta, que era de Barakaldo, Vizcaya, cuando era su ayudante en las fiestas decembrinas. Ella decía que el pescado mexicano que más se parecía a la merluza con la que ella lo preparaba en su ciudad natal era el robalo, que compraba personalmente en el Mercado de San Juan. Cuando mi abuela ya no pudo hacerlo, lo siguió preparando mi madre, Angélica Gómez Talbaila.

Al acabar la guerra, mi abuelo, Eugenio Gómez, llegó en el barco Orinoco a México. Tres años después, llegaron mi abuela Juana, mi madre y mi tío Orencio, y se instalaron en la Ciudad de México.

María Eugenia Colsa Gómez (CDMX)

Juana Talbaila con una de sus nietas en brazos, Ciudad de México, circa años 60.

Juana Talbaila y su nieta Maru Colsa Gómez, Ciudad de México, circa años 70.

Bacalao a la Cubo

PARA 4 PERSONAS

INGREDIENTES

• 1 kg de bacalao, con piel y espinas • ½ a 1 taza de harina • 2 huevos batidos • ½ cebolla partida en trozos • 3 dientes de ajo pelados • ½ kg de jitomates, pelados y en trozos • ½ taza de perejil lavado • 5 clavos • 5 pimientas enteras • 5 hojas de laurel • 3-4 cucharadas de alcaparras (al gusto) • ½ taza de aceitunas (al gusto, desaladas) • 1 pieza de pimiento morrón rojo, en tiras o cuadritos (como adorno) • Aceite de oliva, el necesario

PREPARACIÓN

Cortar el bacalao en trozos de 4 o 5 centímetros. Remojar por 2 noches y un día (o viceversa), cambiar el agua una vez por día. Revisar, limpiar los trozos de pescado y retirar las espinas. Untar los trozos en harina, pasarlos por huevo y freírlos. Reservar. Aparte, moler en la licuadora la cebolla, el ajo, el jitomate y el perejil hasta obtener una salsa. Calentar una cazuela con el aceite, verter la salsa y freír unos minutos. Ya que esté frita, agregar los clavos, las pimientas, las hojas de laurel, las alcaparras y las aceitunas. Introducir el bacalao que se reservó y agregar agua hasta cubrirlo. Aparte, freír el pimiento morrón y agregarlo a la salsa. Hervir por 30 o 40 minutos a fuego medio o bajo hasta que el caldo se consuma un poco y espese la salsa.

Este guiso de bacalao lo preparaba mi abuela, Bernardina Cubo del Río cada 1.° de enero para celebrar el cumpleaños de su hijo Antonio, mi padre. Cada año, él la llevaba al Mercado de La Viga a comprar todos los ingredientes, así que cuando la abuela murió, mi padre siguió haciendo el bacalao. Mi abuela y sus dos hijos, Antonio y Carmen, y su marido, Urbano Rubio Alonso, segovianos ambos, llegaron a México en el Sinaia en 1939 —después de pasar mi abuelo un tiempo en Francia internado en el campo de concentración en Tarn-et-Garonne— y se instalaron en Puebla, donde mi abuelo había encontrado un trabajo en una fábrica textil. Su tercera hija, Concha, nació en Atlixco, Puebla. Cuando los abuelos eran novios, el abuelo colocaba una piedra en la ventana de la abuela Bernardina para avisar que estaba por ahí, y entonces ella buscaba cualquier pretexto para salir a la plaza, a dar la vuelta o a la iglesia, para encontrarse, con él.

Bernardina Cubo y sus nietos en una comida familiar, México, años 80.

Antonio Rubio E. (CDMX)

Empedrat
de Pilar Santiago Bilbao (La Trueta)

PARA 4 PERSONAS

INGREDIENTES

•400 g de bacalao, desalado por 24 horas (sin cocer) y cortado en pequeños pedazos •1 taza de aceite de oliva •1 cebolla rebanada en juliana o picada en cuadritos •2 pimientos rojos picados en cuadritos •4 cucharadas de vinagre •Sal al gusto (solo si es necesario) •800 g de alubias cocidas (o mongetes)

PREPARACIÓN

En un tazón, mezclar el bacalao y rehogar con el aceite de oliva; revolver muy bien. Agregar y mezclar la cebolla, el pimiento y el vinagre. Añadir las alubias y mezclar cuidando de no romperlas; ajustar de sal (si hiciera falta), vinagre y aceite de oliva. Se sirve frío, como ensalada, como acompañante de otros platillos o como plato único.

El empedrat es un plato tradicional de la cocina catalana cuyo nombre hace referencia a su aspecto, pues se asemeja a un plato de piedritas.

Mi yaya, Pilar Santiago Bilbao, cocinaba mucho y muy bien: paella, callos, y esta receta de bacalao con alubias, que me encanta. Pilar nació en Barruelos, Palencia, y muy joven emigró a Barcelona, donde estudió un magisterio y luchó junto a muchos otros maestros por renovar la enseñanza española y dar acceso a todos los ciudadanos a una enseñanza primaria y laica. Fue parte de la Federación de Trabajadores de la Enseñanza.

Pilar Santiago de Trueta, Ciudad de México, años 60.

Su primer esposo, Juan Gervás, fue asesinado en el frente de Aragón, y mi abuela tuvo que dejar España y exiliarse en Francia, a donde viajó con un grupo de huérfanos españoles a los que acompañó en una travesía en tren, para evitar que quedaran en orfanatos franquistas. Pilar vivió varios años en Lyon, donde conoció al doctor barcelonés Rafael Trueta Raspall, mi avi, y donde nació su primera hija, mi tía Helena. Los tres llegaron a México a bordo del Nyassa. Años después, nacieron sus hijos Rafael y Adela, mi madre. Mi abuelo murió joven y la abuela, cuando se jubiló después de trabajar muchos años como maestra de Historia en el Colegio Madrid, se regresó a Barcelona, donde murió.

Acán Coen Trueta (CDMX)

Calamares rellenos de carne
de Soledad Yagüe Herranz

PARA 4-6 PERSONAS

INGREDIENTES

- 1 kg de calamares pequeños
- 300 g de carne molida de res
- 300 g de carne molida de cerdo
- Aceite de oliva, el necesario
- 5 cebollas pequeñas
- 2-3 dientes de ajo
- 4 jitomates
- 1 manojo de perejil, lavado y picado
- 2 hojas de laurel
- ¼ de cucharadita de nuez moscada
- 1 copita de coñac
- Tinta de pulpo
- Sal y pimienta al gusto

PREPARACIÓN

Limpiar los calamares de la siguiente manera: desprender el cuerpo de las patitas (tentáculos) y de la cabeza. Retirar el espadón, pluma o esqueleto (que es la parte dura y plana que está en el cuerpo). Vaciar y limpiar bien el cuerpo, que no quede nada adentro; enjuagar y secar con un trapo limpio. Reservar. En la cabeza, cortar entre los ojos y los tentáculos. Desechar cabeza y entrañas, reservar los tentáculos. Entre los tentáculos se encuentra el pico o boca, retirarlo apretando con los dedos.

PARA EL RELLENO:

Picar finamente las patitas de los chipirones. Revolver las patitas con las carnes (de res y de cerdo) y salpimentar. Rellenar los calamares y cerrar con un palillo para evitar que se salga el relleno.

PARA LA SALSA:

Picar finamente las cebollas y los ajos. En una cacerola de buen tamaño (para que quepan los calamares), calentar aceite de oliva y acitronar las cebollas picadas y los ajos. Aparte, en una cacerola, hervir agua, introducir los jitomates por 1 o 2 minutos, retirarlos y quitarles la piel. Colocar los jitomates pelados en la licuadora y licuar. Agregar el jitomate molido a la cacerola, con la cebolla acitronada y el ajo. Incorporar el perejil, el laurel y la nuez moscada. Agregar la copita de coñac al caldillo. Rectificar la sal y la pimienta. Añadir los calamares rellenos y cocinar a fuego bajo. Agregar la tinta de pulpo. Se sirve con arroz blanco.

Este platillo lo preparaba Soledad, la madre de mi esposo, para los cumpleaños y las ocasiones especiales, como la fiesta de titulación como físico matemático de su hijo Eugenio, egresado de la Facultad de Ciencias de la UNAM.

Soledad Yagüe Herranz nació en Navalperal de Pinares, provincia de Ávila, España, el 8 de abril de 1909. Salió de España el 4 de febrero de 1939, con destino a República Dominicana, en compañía de su hermana, Paulina, dos hijos pequeños, su esposo, Enrique Filloy Méndez, su suegra y su cuñada. Vivieron varios años en República Dominicana en la colonia de Villa Trujillo (El Valle), donde nació su tercer hijo. Llegaron a Veracruz el 16 de agosto de 1945 a bordo del buque Emancipación. Mis suegros fueron miembros del Partido Socialista toda su vida y vivieron tanto en la plaza de la Conchita, Coyoacán, en la colonia Portales (donde Soledad crio a su cuarto hijo, Roberto) como en Tlalpan.

CATHY RING (CDMX)

(Sello de la organización local.)
Directa

TITULO DE AFILIADO
A FAVOR DE
Soledad Yagüe Herranz

Agrupación o Sociedad Socialista de Navalperal de Pinares (Avila)

LIBRETA-TITULO NUM. 3156

a 27 de Mayo de 1938

Cartilla del Partido Obrero Español de Soledad Yagüez, Navalperal de Pinares, 1938.

Soledad Yágüez y Enrique Filloy, Ciudad de México, circa años 70.

Soledad y Caty Ring en una comida familiar, Ciudad de México, circa años 80.

Los chipirones en su tinta
de Ibérica Curcó Bellet

PARA 6-8 PERSONAS

INGREDIENTES

- 5 kg de calamares
- Aceite de oliva
- 3 cebollas grandes
- 1 jitomate chico
- Pan molido
- Perejil
- Harina
- 4-5 sobres de tinta de calamar

PREPARACIÓN

1. Lava los calamares bien, por dentro y por fuera, dándoles la vuelta. Limpia las patas del calamar. Hoy en día ya los venden casi limpios.
2. Fríe en aceite de oliva las cebollas y el jitomate, partidos en trozos grandes, a fuego lento y ve moviendo para que no se pegue ni se queme.
3. Licúa y cuela. Reserva.
4. Fríe en poco aceite las patas del calamar, quítales el agua que sueltan y agrega pan molido y perejil bien picado (a ojo, no sé la cantidad, pero poco).
5. Rellena los calamares con las patitas preparadas anteriormente y ciérralos con un palillo para que no se salga el relleno (una pata por calamar).
6. Una vez rellenados, pásalos por harina y fríelos en aceite de oliva.
7. En una olla de barro, pon la salsa de jitomate que reservaste, agrega tinta hasta que la salsa quede negra, agrega 1 o 2 cucharadas de consomé de pollo (probar al gusto).
8. Una vez que la salsa está del color deseado, ve echando los calamares fritos, quitándoles el palillo.
9. Deja hervir hasta que el calamar se cueza.

Mi madre, Ibérica Curcó Bellet, catalana, al casarse con mi padre vasco, Javier Brosa Maíz, que es de San Sebastián, tuvo que aprender a hacer esta receta de calamares en su tinta. La receta la tomó de un libro de cocina vasca, la cual fue modificando junto con amigas y familiares hasta que logró la que hoy comemos en la familia. Todas las modificaciones se hicieron por gusto, no porque no se encontraran los ingredientes. Como es un platillo que requiere mucho tiempo de preparación, lo cocinamos en ocasiones especiales y eventos familiares.

En 1939, mis abuelos, Dominica Bellet Casas y Miguel Curcó Rubio, ambos de Torregrosa, Lléida, llegaron a Veracruz a bordo del Mexique con sus tres hijos: Miguel, Felipe e Ibérica, mi madre. Mi papá, junto con sus padres, Raymundo Brosa y Basilia Maíz, llegó a México desde Estados Unidos, casi acabada la década de los cuarenta, pero antes, con menos de 20 años, llegó a Francia en una balsa. Ahí luchó contra el ejército nazi, como parte del Batallón Gernika. Desde entonces vive en México, y seguimos celebrando su cumpleaños con estos chipirones en su tinta.

Ibone Brosa Curcó (CDMX)

Ibérica Curcó Bellet el dia de su boda con sus hermanos y mis padres, Ciudad de México, años 40.

Javier Brosa y sus nietos con la camiseta de La Real Sociedad, Ciudad de México, años 90.

LAS SAMFAINAS, SANFAINAS, XANFAINAS, CHANFAINAS

Sanfaina catalana
de las yayas Ángela Puig Soriano y Emilia Cases Busquets

PARA 5-6 PORCIONES

INGREDIENTES

- 2-3 cucharadas de aceite de oliva suave
- 1 kg de salchichas (butifarra catalana), picadas con un tenedor por todos lados
- ½ cebolla blanca picada
- 2 dientes de ajo picados
- 1 cucharada de perejil picado
- 3 tomates maduros, cortados en cuadritos
- 350 ml de puré de tomate machacado
- Hojas de laurel
- Especias (hierbas finas, como tomillo)
- ¼-½ taza de agua
- ½ pimiento verde, sin semillas, partido en cuadritos
- ½ pimiento rojo o naranja, sin semilla, partido en cuadritos
- 14-16 aceitunas verdes partidas por la mitad (si tienen hueso, cortarlas y desechar el hueso)
- 1 vaso de vino blanco
- 8-10 langostinos, sin pelar y con cabeza, lavados
- ½ berenjena partida en cubos pequeños (se puede sustituir por 2 zanahorias)
- 2 calabacines cortados en cubos pequeños
- ½ kg de almejas blancas (60-70 piezas), enjuagadas y escurridas

PREPARACIÓN

1. En una olla grande con paredes de 10-15 cm, calentar un poco de aceite y agregar las butifarras; freír hasta que adquieran un dorado ligero. Retirarlas y reservarlas.
2. En la misma olla, agregar la cebolla, el ajo y el perejil y sofreír por unos minutos hasta que la cebolla esté traslúcida. Si se considera necesario, agregar un poco más de aceite.
3. Con el sofrito listo, agregar los cuadritos de tomate y esperar a que comiencen a suavizarse. Incorporar el puré de tomate y mezclar.
4. Agregar las hojas de laurel y las especias.
5. Añadir un poco de agua. Revolver gentilmente.
6. Agregar los pimientos y dejar que comiencen a hervir.
7. Incorporar las aceitunas (se puede poner un poco de la salmuera) y seguir mezclando gentilmente con el fuego medio o bajo.
8. Agregar el vaso de vino y posteriormente los langostinos. Revolver.
9. Conforme vuelva a subir la temperatura, añadir las berenjenas (o zanahorias) y comprobar la sazón; verificar si requiere un poco más de agua.
10. Verter las butifarras (salchichas) que reservaste y los calabacines. Mezclar.

11. Por último, agregar las almejas y, después de 2 minutos, comprobar la sazón; verificar si requiere más agua o sal.
12. Tapar la olla, dejar unos 5 minutos a fuego bajo y apagar.

Se recomienda preparar este plato horas antes o el día previo. Calentar a fuego bajo por algunos minutos y revolver gentilmente. Acompañar con arroz y un buen vino.

Bon profit!

Esta receta la aprendí en casa con mi madre, Ramona Compte Cases, quien dirigió la preparatoria del Colegio Madrid entre 1987 y 2006, y con mis abuelas, Ángela Puig Soriano, nacida en Barcelona, y Emilia Cases Busquets, de Planes, Girona. Las yayas compraban en el Mercado de San Juan los ingredientes necesarios y específicamente los embutidos típicos catalanes con la señora María. En mi familia comemos sanfaina en cualquier fecha, sobre todo cuando nos reunimos todos. La sanfaina es una receta catalana popular que contiene varios tipos de verduras (pimiento, berenjena, calabacín) y que en ocasiones se acompaña de bacalao u otros pescados o mariscos. En Cataluña, las recetas mar y tierra (pescado, mariscos y carne) son comunes y la sanfaina que nosotros preparamos no es la excepción.

Mi abuelo paterno, Pelayo Vilar Canales, médico nacido en Oviedo, Asturias, y procedente de Cataluña, llegó a México a bordo del vapor Nyassa en 1942, y años después, en 1949, vinieron mi abuela Ángela, mi padre, Pelayo Vilar, y mi tía Ángela en un barco carguero procedente de Cuba. Mi abuela materna, Emilia, y mi abuelo, Liberto Compte Buixo, electricista nacido en Vilassar de Dalt, Barcelona, vinieron a México en 1939, a bordo del Sinaia, acompañados de otros familiares de mi abuelo. La familia paterna se estableció en Pachuca, Hidalgo, hasta 1959, cuando se trasladaron a la capital. Por el lado materno, se establecieron desde un principio en la Ciudad de México.

Diana Vilar Compte
(CDMX)

Las yayas Ángela Puig Soriano y Emilia Cases Busquets, México, años 90.

Xanfaina de cordero de La Bisbal
de Carmen Darnaculleta Graupera y Margarita Carbó Darnaculleta

PARA 4 PERSONAS

INGREDIENTES

• 8 costillas tiernas de cordero u 8 piezas de pollo • 4 pimientos verdes sin piel, desvenados y cortados en rajas • 6 jitomates bola grandes (escaldados y pelados; cortados en pedazos y licuados) • Sal y pimienta • Aceite de oliva, el necesario

PREPARACIÓN

En un sartén, calentar un chorrito de aceite y, a fuego alto, freír las costillas de cordero o las piezas de pollo. Cuando estén a medio freír y un poco doraditas, agregar pimiento verde y cocinar a fuego bajo una media hora. Pasada la media hora, cuando el pimiento «se afloje», agregar los jitomates. Sazonar con sal y pimienta y dejar que haga «chup, chup» otra media hora hasta que la salsa quede espesa.

Nuestra abuela, Carmen Darnaculleta Graupera, y nuestra mamá, Margarita Carbó Darnaculleta, cocinaban esta receta en la casa y siempre era una fiesta cuando había xanfaina.

José Ribera Salvans y Margarita Carbo Darnaculleta, Ciudad de Mexico, 2002.

Nuestros abuelos, Proudhon Carbó y Carmen Darnaculleta, taquígrafa mecanógrafa, provenían de La Bisbal d'Empordà, en Girona, y llegaron a México en el barco La Salle, que salió de Burdeos en diciembre de 1939 hacia el puerto de Casablanca. Nuestra madre nació a bordo, y el barco arribó, finalmente, en República Dominicana, donde los tres pasaron dos años antes de llegar al puerto de Veracruz en México. Al llegar, se establecieron en la Ciudad de México. Nuestra madre se convirtió desde niña en un miembro muy activo del Orfeo Catalá, donde bailaba en el Esbart Dansaire, y estudió Historia en la Universidad Nacional Autónoma de México, donde fue profesora en la Facultad de Filosofía y Letras por décadas.

EULALIA Y ANNA RIBERA CARBÓ (CDMX)

FONDO en olla
Cabezas etc.
aceite
cebolla
diente de ajo
perejil
(1) 1 1/2 hora

En paellera olla
aceite
ajo muy picado
antes de que el
ajo se dore
en trozos y sin
espinas
el pescado
camarones
calamares en trozos
(2) Y SE REHOGA.

Añade un diente
de ajo MACHACADO
en mortero con
una rama de
perejil desleído
con un poco de agua
SE CUECE TODO
UNOS MINUTOS

Se cuela (1) en
FONDO
Se echa el (2) en el (1)
se sazona con sal gotas
y azafrán. Cuando limón
hierva todo se
pone casi
DOBLE → de AGUA
(AGUA !!)

Recetas de
Repostería
y Cocina
A. Vilieti...
Par...

Fel. P. 53.97.
mexico

"Consejo" en ajo caba...
Se fríe en crudo desp...
Se pone agua hasta y
hasta que esté cocido.

PASTEL DE ZA...
1 kg. zanahoria rallada, ...
2 tazas de azúcar, 2 barritas ...
4 huevos, 2 cucharaditas royal ...
horno 350 grados.

ROSQUILLAS

1 taza leche no llena.- 3 ...
1/2 barra mantequilla, 4 cdas. ...
1 yema de huevo.

Mezclar todo e ir echando ...
punto de enrollar, ...
glass o del otro.

se fri...
la sal...
ato.
cebolla

de vino tinto o blanco
... la leche por vino tinto ... el desay...
igualmente que ...

LA
VERDURA

Tumbet
de Miguel Nadal Capó

PARA 4-6 PERSONAS

INGREDIENTES

• 2 berenjenas grandes lavadas • ½ taza de harina • Aceite para freír • 2 pimientos (de preferencia rojos), lavados y sin semillas • 2 o 3 patatas (papas) peladas • ½ l de puré de tomate • ¼-½ taza de aceite de oliva • Sal y pimienta al gusto

PREPARACIÓN

Cortar las berenjenas en forma transversal (máximo de 1 cm de grosor) y cubrirlas con sal; dejarlas «llorar», escurrirlas y secarlas muy bien (esto es para evitar que amarguen). Enharinar la berenjena y freírla un poco. Colocarla sobre papel absorbente y reservar. Cortar los pimientos en tiras. Reservar. Cortar las papas en rodajas de ½ cm. Reservar. En una cazuela, cubrir el fondo con un poco de aceite de oliva; alternar en capas las verduras: berenjena, papa, pimiento; berenjena, papa, pimiento... hasta terminar con todo. Regar las capas con el jugo o puré de tomate. Sazonar con sal y pimienta al gusto. Introducir en el horno precalentado a 180 °C de 15 a 30 minutos, dependiendo de la capacidad del horno.

El tumbet, que es un plato que comemos cualquier día, me enseñó a hacerlo mi padre, Miguel Nadal Capó, quien fuera socio del Ateneo hasta su fallecimiento. A diferencia de mi padre, yo no enharino la berenjena, solo la frío, al igual que los pimientos y las papas.

Petra Almudí, Ramón Palazón, María Rosa Palazón, Miguel Nadal y Juan y Miguel Nada, Ciudad de México, 1983.

Además, en lugar de cazuela de barro, conocida en las Baleares como *greixonera*, uso un refractario. Mi padre era originario de Inca, Mallorca, y el tumbet es un plato tradicional mallorquino. Contaba mi padre que, en su lugar de origen, para preparar el tumbet solo se usaban los sobrantes de las hortalizas de temporada, así que no siempre estaban presentes todos los ingredientes tradicionales.

Gabriel Nadal Almudí (CDMX)

Escalivada
de Dolores Nebot Català y Lola Canadell Nebot

PARA 4-6 PERSONAS

INGREDIENTES

• 1 cebolla grande • 1 cabeza de ajo • 1 berenjena • 1 pimiento verde • 1 pimiento rojo • ½ taza de aceite de oliva • Sal y pimienta al gusto

PREPARACIÓN

Esta receta se puede preparar al carbón o al horno, de las dos formas quedarán unas verduras deliciosas para hacer una ensalada sabrosa y colorida. Si se opta por el horno, se debe precalentar a 170 °C. Lavar las verduras. Sacar las capas externas de la cebolla y la cabeza de ajo. Untar a la berenjena y los pimientos un poco de aceite para que no se peguen. Colocar todo en una bandeja para hornear a una altura media dentro del horno. Si se hace al carbón, es el mismo procedimiento. Girar las verduras cada 15 o 20 minutos hasta que estén suaves, la cebolla tarda más, por lo que se debe dejar el tiempo necesario. Sacar las verduras. Colocar en una bolsa de plástico la berenjena y los pimientos y envolverlos con un trapo. Cuando se enfríen un poco, pelarlos y cortarlos en tiras. Quitar la piel de la cebolla y cortarla en trozos. Aplastar la cabeza de ajo con cuidado para desprender los dientes cocinados. Colocar todo en orden en un platón de mesa y rociar con un poco de aceite de oliva. Tener la sal y el aceite a la mano por si los comensales gustan añadírselos.

Esta ensalada la preparaban mi abuela, Dolores Nebot Català, valenciana de origen, y luego mi madre, Lola Canadell Nebot, yo aprendí a prepararla pues la hacían los fines de semana o cuando salíamos de día de campo. Ahora la hago con mis hijos cuando nos reunimos en casa. A nosotros nos gusta más en el asador, pero no siempre es posible, así que las verduras al horno son también una buena opción.

Lola Canadell Nebot, Dolores Nebot Catalá y Pepita Canadell Nebot, Ciudad de México, años 40.

Mi abuelo, Ignasi Canadell Cantarell, nacido en Barcelona, fue uno de los responsables de la Comisión de Relaciones y Ayuda a la Guerra. Al terminar la guerra, se exilió en Francia. El 14 de abril de 1942 se embarcó en Marsella en el Maréchal Lyautey rumbo a Casablanca; hizo escala en Orán. A bordo del Nyassa, llegó a Veracruz el 22 de mayo. Años después, llegaron su esposa y sus hijas, Lola (mi madre) y Pepita (mi tía). Mi abuelo abrió en la capital un taller de decoración y ebanistería.

Rosa Borrás Canadell (CDMX)

El pisto
de Queenie Viliesid Russell

PARA 4-6 PERSONAS

INGREDIENTES

• Aceite de oliva, bastante • ¼ kg de cebolla • 1 kg de pimientos sin semillas • ½ kg de calabaza • ½ kg de berenjena • ½ kg de jitomate • 4-6 huevos batidos (opcional)

PREPARACIÓN

Picar finamente todos los ingredientes. En un sartén grande u olla, calentar abundante aceite de oliva y freír la cebolla; cuando esta empiece a brillar, echar los pimientos y freírlos unos minutos. Añadir la calabaza y la berenjena y continuar friendo. Agregar el jitomate y freír, procurando que vaya haciéndose despacito. Cocinar durante 30 minutos a fuego bajo. Al final, si así se decide, añadir los huevos batidos.

Mi suegra, Ana Eugenia Viliesid Russell, más conocida como Queenie o Kiki, como la llamaban mis hijos, nació en Salinas, Asturias, pertenecía a una familia de origen serfardí y vivió en Oviedo, con su papá, don Jaime Viliesid, y su mamá, María Rosa Rusell.

Queenie acababa de terminar la carrera de Medicina cuando estalló la guerra civil, en abril de 1936. En Oviedo, los padres de Queenie eran conocidos por ser muy modernos y, sobre todo, porque don Jaime era masón. Esto último le causó enormes problemas al salir de España; no obstante, gracias a un saludo masónico que le dedicó a un aduanero, logró entrar a Inglaterra portando un extraño pasaporte turco.

Queenie trabajó un tiempo en la Oficina Comercial de la República Española en París y ahí conoció a José Careaga Echevarría. Pepe era un diplomático republicano de origen madrileño, agregado comercial en la embajada española en Berna, Suiza. Se casaron al mes de conocerse y retornaron a España, donde Pepe luchó en el frente de Madrid y luego en Barcelona.

Cuando concluyó la guerra en España, se trasladaron a Inglaterra, donde nació su primer hijo. Y ya iniciada la Segunda Guerra Mundial, salieron en un convoy de barcos a América desde el puerto de Liverpool. Los submarinos alemanes atacaron el convoy, pero lograron escapar, llegaron primero a Cuba y después se fueron a México, donde Lázaro Cárdenas recibió generosamente a los republicanos españoles.

Carmen Tagüeña Parga (CDMX)

Ana Eugenia Viliesid, Quennie, México, años 70.

Las habas a la catalana
de Remei Mayoral i Bastida

PARA 4-6 PERSONAS

INGREDIENTES

• 150 g de tocino en trozos • 2-3 cucharadas de aceite de oliva • 1 cebolla picada finamente • 3 dientes de ajo pelados y picados • 1 cucharada de pimentón dulce • 1 jitomate picado • 400 g de butifarra negra en trozos • 150 g de jamón serrano en trocitos pequeños • 2 kg de habas sin vaina • ¼ taza de vino blanco seco • Sal al gusto

PREPARACIÓN

En un sartén, freír el tocino con el aceite de oliva. Agregar la cebolla y freír hasta que se suavice; añadir el ajo, freír un minuto y agregar el pimentón. Asegurarse de que se fría muy bien, sin que se queme; añadir el jitomate y revolver un par de minutos a fuego medio. Agregar la butifarra y el jamón, y freír otro par de minutos. Añadir las habas, el vino y suficiente agua para cubrir los ingredientes. Cocinar de 20 a 25 minutos a fuego medio, cuidando que las habas no se suavicen demasiado, pues deben quedar un poco firmes. Ajustar de sal y servir bien caliente.

Mi suegra, Remei Mayoral i Bastida, nació en Barcelona y era hija de cocinera, por lo que muchas cosas las hacía a ojo de buen cubero: en la receta original que tenemos escrita a máquina, hay muchos ingredientes sin cantidades específicas. Una de las cosas fundamentales de esta receta es que se debe usar butifarra negra (no se deben usar morcillas de ningún tipo); así que, supongo, que esto debió causar problemas para poder realizar la receta, hasta que algunos otros exiliados la empezaron a implementar. Esta receta la comemos cualquier día del año.

El esposo de Remei, Ramón Palazón i Beltran, abogado y gran traductor de obras literarias —quien en muchas ocasiones firmaba sus trabajos como Raymon Mayoral— fue nombrado, durante la guerra, presidente del Tercer Tribunal Popular de Barcelona y presidió la Audiencia de Lleida. Al verse forzado a salir de España, vivió una temporada en Nimes, Francia; luego viajó a México con Remei y su primera hija en 1942, a bordo del Nyassa. Se establecieron en la Ciudad de México, donde mi esposa, María Rosa Palazón Mayoral, nació en 1945.

Remei Mayoral i Bastida en su cocina, Ciudad de México, 1974.

Gabriel Nadal Almudí y María Rosa Palazón Mayoral (CDMX)

Michirones
de Rosita Rodríguez Borrás

PARA 8-10 PERSONAS

INGREDIENTES

•8 kg de habas con cáscara (en vaina) •2 l de agua •4 chiles poblanos (agregar más, si se quiere aumentar el picor) •2 o 3 trozos de chorizo de Cantimpalos •½-1 taza de pimentón en polvo •Sal al gusto

PREPARACIÓN

Pelar las habas y guardar unas 6 vainas (bien lavadas) para dar sabor al caldo. Lavar bien los chiles poblanos y quitarles las semillas y las venas. Una vez peladas las habas, colocarlas en una olla con agua muy caliente; hervir a fuego muy lento. Agregar al caldo las vainas que se reservaron, los chiles poblanos y los trozos de chorizo cortados en pedazos grandes. Agregar sal al gusto. Añadir el pimentón y hervir a fuego lento hasta que se suavicen las habas (toma alrededor de 20 minutos; a veces más, dependiendo de lo frescas que estén). Probar el caldo y ajustar de sal. Revisar las habas pequeñas, pues suelen cocerse más rápido. Es mejor que no se dejen cocer demasiado porque se deshacen y cuesta trabajo pelarlas. Son más sabrosas un poco firmes. Servir en un plato sopero, con otro cerca para arrojar las cáscaras (algunas personas se las comen con cáscara, depende del gusto de cada quien).

Mi madre, Rosa Rodríguez Borrás, me enseñó esta receta durante mi niñez, y como era mi receta favorita, me la hacía en todos mis cumpleaños. Rosita murió muy joven, así que yo la he reproducido desde entonces. A la receta original se le añadió chile poblano y se sustituyó el chorizo de Cantimpalos por chorizo mexicano. Las habas de Rosita son una adaptación de una receta tradicional murciana, los michirones.

Rosita Rodríguez Borras y Magdalena Borrás Cabré, Ciudad de México, años 50.

Rosita, que había nacido en Barcelona, llegó a México con sus padres, Magdalena Borrás Cabré y Eusebio Rodríguez Salas, ambos de Tarragona. Mi abuelo Eusebio había sido comisario general de Orden Público de la Generalidad de Cataluña, y acabada la guerra tuvieron que dejar España. En 1939 consiguieron llegar los tres juntos a Santo Domingo en el barco La Salle y unos años más tarde, en 1944, llegaron a México a bordo del Jaragua, donde vivieron toda su vida.

Ana María Serna Rodríguez (CDMX)

POSTRES

Flan de claras y natillas
de Manolita Azcoita Domínguez y Elisa Rius Azcoita

PARA 8-10 PORCIONES

INGREDIENTES

FLAN DE CLARAS: • 10 claras de huevo • 5-10 cucharadas de azúcar • Leche

NATILLAS: • 10 yemas de huevo • 10 cucharadas de azúcar • 1 cucharadita de maicena • 1 l de leche caliente • Cáscara de un limón • 1 rama de canela • Canela en polvo • Soletas

PREPARACIÓN

FLAN DE CLARAS: Precalentar el horno a 180 °C. Batir las claras con una batidora de pie o de mano. Cuando se empiece a formar espuma, agregar el azúcar a cucharadas, al gusto (nosotros usamos entre 6 o 7). Se debe tomar en cuenta lo dulce del caramelo. Batir hasta que se obtenga la consistencia de merengue. El caramelo se hace en la hornilla de la estufa, en el mismo cazo donde se horneará el flan (se recomienda usar uno redondo de 18 cm de diámetro y al menos 15 cm de altura). Cubrir la base del cazo con una capa fina de azúcar y agregar suficiente agua para diluirla (esto hará que el calor se distribuya mejor y se cocine el caramelo de una manera más uniforme). Poner el cazo sobre la hornilla de la estufa, a fuego medio, y moverlo de vez en cuando para distribuir bien el calor. Apagar la estufa cuando el caramelo agarre el color y olor deseados. Menear el cazo de modo que el caramelo cubra sus paredes para poder liberar el flan cuando se cueza. Dejar enfriar. Una vez que el caramelo se enfrió, agregar el merengue al cazo y poner todo a baño maría unos 30 minutos o hasta que se empiece a secar el merengue por los bordes. Separar el cazo del baño maría y meterlo al horno alrededor de 10 minutos; procurar que el calor llegue desde arriba para tostar el merengue e inflar el flan. Apagar el horno después de los 10 minutos y no abrirlo hasta que el flan esté completamente frío. Se recomienda esperar varias horas o, incluso, toda la noche. Para liberar el flan, calentar un poco el cazo sobre la estufa para derretir el caramelo y voltear sobre un platón lo suficientemente amplio para presentar el flan. Este debe salir del cazo sin esfuerzo. Refrigerar el platón de inmediato. Para preparar la natilla de caramelo que acompaña al flan, después de desmoldar este, diluir los restos de caramelo que quedan en el cazo con un poco de leche sobre la estufa a fuego medio. Remover constantemente hasta que el caramelo adquiera un color oscuro, pero no quemado, y tenga una consistencia un poco viscosa. Agregar más azúcar y leche si es necesario. Una vez listo, retirar del fuego, verter en una salsera y enfriar en el refrigerador. A la hora de servir, esparcir la natilla de caramelo sobre el flan.

NOTA: es importante atender la preparación del caramelo en todo momento, ya que se quema fácilmente.

PREPARACIÓN

NATILLAS: Apartar las yemas en un recipiente hondo y grueso, resistente al calor. Agregar el azúcar y la maicena, y mezclar bien. Verter el litro de leche poco a poco mientras se remueve para diluir bien el azúcar y la maicena. Agregar la cáscara de limón y la rama de canela. Poner a baño maría y remover constantemente con una cuchara de madera y en el mismo sentido, para evitar que las natillas se corten. Se sabe que las natillas están listas cuando empiezan a adherirse a las paredes del recipiente y a la cuchara. Quitar del fuego y verter en el recipiente de presentación, pasando la natilla por un colador fino para quitar la rama de canela, la cáscara de limón y cualquier sólido que se haya creado. Cuando se enfríe, agregar un poco de canela en polvo en la superficie y refrigerar hasta que vaya a servirse. Cuando se saque a la mesa, acomodar algunas soletas sobre las natillas y servir. Se pueden tener algunas soletas adicionales para quien quiera añadirlas a su porción de natillas.

Esta receta me la enseñó mi abuela, Elisa Rius (hija de Manolita Azcoita). Yo quería aprenderla desde hace tiempo, y en 2020, cuando estudié en el extranjero, le pedí que me la pasara. Lo hizo por mensaje y, luego, me guio por videollamada. Como para hacer las natillas solo se utilizan las yemas, preparamos el flan de claras con lo que resta del huevo, para no desperdiciar ingredientes y para tener dos postres.

Elisa Rius Azcoitia y su flan de claras, España, 2013.

A todos los nietos y bisnietos de Manolita Azcoita nos encantan las natillas y el flan de claras de la abuela. Ambos postres, siempre servidos juntos, han sido sinónimo de alegría y celebración en nuestra familia. Hay varias versiones de la transcripción de la receta que hemos ido coleccionando a lo largo de los años. Contamos con una escrita a mano por mi bisabuelo, Luis Rius Zunón, en una hoja con un sello de la Escuela Bancaria y Comercial Milton, donde dio clases de escritura y redacción en los años cincuenta. También con otra escrita a mano por Carmen Bonilla González Laganá, que le dictó la abuela Elisa Rius Azcoita, cuando Carmen era pequeña. Es interesante comparar ambas recetas y ver algunos ajustes en los ingredientes al paso de los años; se ha conservado tal y como la hacía Manolita, pero en algún momento empezaron a agregar un poco de harina de fécula de maíz (maicena) a la receta, para facilitar la espesura.

La familia Rius Azcoita era procedente de Tarancón, Cuenca. En 1939, Luis Rius Zunón (1901-1974) y Manolita Azcoita Domínguez (1900-1974) cruzaron el Atlántico, de Marsella a Nueva York en barco, en compañía de su hija Elisa (1927-2020) y su hijo Luis (1930-1984). Luego viajaron a México desde Nueva York en tren, entraron por Nuevo Laredo, Tamaulipas, y se establecieron en la Ciudad de México.

PEDRO BONILLA ARTIGAS Y ELISA BONILLA RIUS (CDMX)

Coca de piñones
de Montserrat Cruells de Bobes

PARA 8-10 PORCIONES

INGREDIENTES

- 2 tazas de harina
- 2 tazas de azúcar
- 1 taza de leche
- 1 taza de aceite
- 3 huevos
- 1 cucharadita de polvo para hornear
- La ralladura de 2 limones
- 50 g de piñones
- 1 copita de anís
- Mantequilla
- Harina

PREPARACIÓN

1. En la licuadora, colocar los huevos, la leche, el aceite, la harina y el polvo para hornear; moler todo junto hasta formar una pasta.
2. En un refractario rectangular previamente engrasado con la mantequilla y espolvoreado con harina, verter la pasta.
3. Colocar los piñones por encima.
4. Cocinar por media hora en un horno precalentado a 180 °C.
5. Sacar el pastel y verter la copita de anís y el azúcar por encima de los piñones. Dorar por cinco minutos ¡y está lista!

Montserrat Cruells con su coca de piñones, Ciudad de México, circa años 80.

Esta receta me la enseñó mi madre, Montserrat Cruells de Bobes, en la Ciudad de México entre los años cincuenta y sesenta. Montserrat encontraba todos los ingredientes en el Mercado de San Juan, y generalmente la preparaba en los cumpleaños.

Mis padres, Montserrat y José María Gispert Vila, eran de Barcelona y después de pasar un tiempo en Montpellier, Francia, donde mi padre ejerció como médico, llegaron a Veracruz a bordo del Quanza, en noviembre de 1941, desde Port Vendres y con escala en Marruecos. Con ellos llegaron tres de sus hijos: María, Jordi y Montserrat. Yo, Núria, nací en la Ciudad de México, donde se establecieron y vivieron toda su vida.

Núria Gispert Cruells (CDMX)

El pastel de anís
de Fini Sierra y Cielo Salcedo

PARA 8 PERSONAS

INGREDIENTES

- 1 taza de harina
- 1 taza de leche
- 1 taza de azúcar
- 1 taza de aceite
- 2 huevos
- La ralladura de 2 limones
- 2 cucharaditas de polvo para hornear
- 1 copita de anís
- 2 cucharadas de azúcar
- Mantequilla
- Harina para engrasar el molde

PREPARACIÓN

1. Licuar los primeros siete ingredientes hasta que se integren.
2. Vaciar la mezcla en un molde cuadrado mediano (de vidrio), previamente engrasado y enharinado.
3. Meter al horno a temperatura media (180 °C), alrededor de 30 minutos o hasta que, al introducir un palillo, este salga limpio.
4. Todavía caliente, recién sacado del horno, picar con un tenedor, esparcirle la copita de anís por encima (tanto en las orillas como en el centro) y espolvorear con el azúcar.
5. Servir.

El pastel de anís siempre lo pedía mi papá, en cualquier evento, sobre todo familiar. Mi madre murió muy joven, así que yo lo preparaba. Esta receta me la enseñó una prima española, Josefina Sierra Garcia, Fini, que se casó con un primo refugiado español, Rubén, hijo de un hermano de mi padre, quien llegó a México bajo protección de mis padres y quien fue un verdadero hermano para nosotros. Apunté la receta y la empecé a preparar en 1971, cuando me casé.

Mis padres eran Angelita García Treco, de Madrid, y Ovidio Salcedo Navarro, de Almansa, provincia de Albacete. Mi padre vivió en Madrid desde muy joven, luchando siempre por una España libre, ¡por un mundo mejor! En México recuperaron su dignidad de personas libres. Fue una vida azarosa y sorprendente, llena de vicisitudes, intensa y perdurable; y ellos, seres humanos excepcionales.

Cielo Salcedo de Polgar (Veracruz, Veracruz)

Ovidio Salcedo rodeado familia, Veracruz, años 90.

DESAYUNOS Y MERIENDAS

Las rosquillas de anís y los picatostes
de Carmen Ruiz-Funes Montesinos Azcoita

INGREDIENTES

LAS ROSQUILLAS DE ANÍS: •4 huevos •¾ taza de aceite de oliva •¾ taza de azúcar •½ taza de licor de anís •1 cucharadita de anís en grano •1 cucharada de levadura (o polvo para hornear) •4-5 tazas de harina (la que se desee) •Aceite para freír •1 taza de azúcar •Canela

PICATOSTES: •4 bolillos de días pasados •3 huevos •½ o 1 taza de leche •Aceite, el necesario para freír

PREPARACIÓN

LAS ROSQUILLAS DE ANÍS: En un tazón, batir los huevos con el aceite. Añadir azúcar, licor de anís y anís en grano. Batir hasta incorporar. Agregar la levadura y luego, poco a poco, añadir la harina hasta formar una masa firme. Extender la masa en una superficie enharinada y formar tiras de menos de 1 cm. Unirlas por los lados de manera que obtengas una rosquilla o «dona» (debe quedar un hueco en el centro). Otra manera de formarlas es haciendo bolitas del tamaño de una pelota de golf y, con el dedo, presionar en el centro de cada una para hacer un hueco. Freír y escurrir sobre una bolsa de pan. Revolverlas en azúcar y canela.

PICATOSTES: Cortar el bolillo a lo largo, en tiras gruesas. En un tazón, batir los huevos junto con la leche. Remojar las tiras de pan en la mezcla de huevo y leche. Freír en abundante aceite, muy caliente. Sacar el pan ya tostado por ambos lados, escurrirlo y rebosarlo en azúcar y canela. Remojar los picatostes en chocolate caliente.

Carmen Montesinos Pérez se casó con Mariano Ruiz-Funes García en 1926 y tuvieron cuatro hijos, tres en España (Mariano, Manola y Carmen) y una en México (Maria de la Concepción, Conchita o la hermanita mexicana, como le decían en la familia).

En una entrevista Manola menciona: «Carmen, mi madre, se adaptaba en todos lados. Su propia madre murió dando a luz a su hermanito, así que era una mujer que se valía por sí misma desde niña. Las mujeres llevaban mejor el exilio que los hombres». A papá le gustaba la paella que preparaba su esposa, pero siempre le comentaba: «Era mejor la que hacías en Murcia». La nostalgia lo sobrepasaba. Mi padre nos enseñó a ser buenos estudiantes, buenas personas y a llorar por cosas buenas; por su parte, mi madre nos enseñó la buena cocina, entre otras cosas.

EXTRACTO DE LA ENTREVISTA A MANOLA RUIZ-FUNES*

* Agencia EFE, «Las mujeres fueron claves en integración del exilio español en México», en *QuéPasa*, 4 de junio de 2019. Consultado en <https://quepasamedia.com/noticias/mundo/mexico/las-mujeres-fueron-claves-en-integracion-del-exilio-espanol-en-mexico/>.

Chocolate español
de Eulalia García Rodés

PARA 4 PERSONAS

INGREDIENTES

• 1 l de leche de vaca • 4 cucharadas de cacao en polvo • 4 cucharadas de azúcar
• 2 cucharadas de harina de fécula de maíz (maicena) o harina de trigo • 1 raja de canela
• 1 cucharadita de vainilla • 1 cucharada de mantequilla

PREPARACIÓN

Calentar la leche con la canela, y agregar el cacao y el azúcar. Aparte, disolver la maicena o harina en un tazón con agua (únicamente se disuelve la maicena en agua fresca, la harina no lo necesita) e ir añadiendo la leche caliente sin dejar de revolver. Calentar hasta conseguir una mezcla ligeramente espesa. Retirar del fuego y añadir la vainilla y la mantequilla. Servir bien caliente.

No era Maruja (María Eulalia García Rodes) una abuela especialmente cariñosa al sentido de mimos, besos y abrazos, pero estaba siempre para mí ofreciéndome una generosa ración de helado de vainilla casero o pastel de chocolate, su famoso pollo en aceite —platillo favorito de su hijo adorado— o una tortilla de patatas. Estaba también para compartir los tesoros de su tocador y permitirme pintarme los labios o jugar a que yo era la dueña de una tiendita y sus perfumes y polvos de arroz son mis productos a vender. A algunas de mis hermanas les enseñó también a coser a máquina y bordar a mano.

Intentó por todos los medios enseñarme las tablas de multiplicar sin ningún éxito, quizás por que me arrullaba el sonido de sus uñas contra la madera de la mesa o un sonido de canto (tal vez recordando las melodías que solía tocar al piano años atrás) que murmuraba con los labios entrecerrados. Muchas veces me apoyaba en mis tareas pues su cultura era vasta y le gustaba contarme historias o escribirlas con una caligrafía de trazos perfectos. Me contaba de mundos lejanos que yo en ese momento no conocía, como los niños de Vegadeo que iban a la escuela con unos zapatos escolares de doble traba y, por ellos en mi casa, al calzado negro de la escuela le llamábamos «los vegadeos».

Me instruyó también en el mundo de Celia, la niña malcriada y Matonkiki, la niña de gran boca traviesa y divertida pero proclive al llanto, acercando el mundo de Elena Fortún a mi vida, de manera que cuando acudí en Madrid a adquirir unos ejemplares de su obra me dijeron: «Ah ¿es usted familiar de refugiado?, son los que siempre preguntan por ellos».

VALENTINA HERRERO BUCHANAN (MÉRIDA, YUCATÁN)

Las migas
de Carmen Montesinos Pérez

PARA 4 PERSONAS

INGREDIENTES

• 4 bolillos duros de la semana, cortados en trozos pequeños • Un buen chorro de aceite de maíz • 5 dientes de ajo pelados

INGREDIENTES OPCIONALES: Tocino y chorizo español picado y frito, sin escurrir, ya que se usará para las migas. Si se le quiere dar un sabor especial a las migas, seleccionar un pan de masa madre

PREPARACIÓN

Cortar el pan en trozos irregulares y pequeños, clavando el cuchillo en el pan duro, sin rebanar. Remojar el pan en agua durante media hora y escurrir en un colador. Otra opción que funciona muy bien es salpicar el pan con agua salada hasta que todos los trocitos se encuentren húmedos. De esta manera, no es necesario escurrirlo en colador. En un sartén, calentar el aceite y echar los 5 ajos; cuando se empiecen a dorar, echar el pan, bien escurrido del agua en la que se remojó y freír. Procurar que no se fría mucho; retirarlos cuando se empiecen a dorar y dejar que se escurra el aceite. Colocar los panes en un platón, sin los ajos. Preparar una rica taza de chocolate, remojar las migas en él y ¡a disfrutarlas!

Esta receta de migas era el mejor regalo que nos podía hacer nuestra madre para desayunar los domingos. Cada vez que le hemos contado a alguien sobre este desayuno, su cara de horror es maravillosa, pero, de verdad, no se imaginan lo rico que es. La última vez que comimos migas organizamos un gran desayuno para toda la familia, éramos alrededor de treinta personas. Es uno de los mejores recuerdos compartidos que tenemos.

Carmen Montesinos con sus hijas Carmen y Manola Ruiz-Funes Montesinos, 1947.

Mis abuelos, Mariano Ruiz-Funes y Carmen Montesinos, llegaron a México en 1940. Salieron de Bélgica en un barco, con escala en Nueva York y con destino a Cuba, país donde mi abuelo encontró trabajo. Después de un año, mi abuelo Mariano tuvo que salir de Cuba, por lo que se asentaron en México.

Isabel Sacristán Ruiz-Funes (CDMX)

HDR
0.6X
Pro
Video
Foto
Retrato
Más

Torrijas
de Carlos Rodríguez Ajenjo

PARA 4 PERSONAS

INGREDIENTES

•1 baguette tipo francesa dura (de 3 o 4 días atrás) •2 tazas de leche entera* •La ralladura de ½ limón •3 huevos •1 taza de azúcar •Una cucharadita de canela molida •1 ¼ de taza de aceite vegetal (canola)

INGREDIENTES OPCIONALES:
*La leche se puede sustituir por •2 tazas de vino blanco dulce o •1 taza de vino tinto + 1 taza de almíbar (½ taza de agua y ½ taza de azúcar: en un tazón, mezclar el agua con el azúcar, hervir hasta que empiece a hacerse una miel ligera; retirar del fuego y dejar enfriar)

PREPARACIÓN

Cortar el pan en rebanadas de 2 cm de grueso. En un plato, mezclar la leche con la ralladura de medio limón. En otro plato, batir los huevos. Mezclar la canela y el azúcar en un traste profundo. Calentar el aceite en una cazuela amplia a fuego lento. Remojar el pan en la leche con ralladura de limón y pasarlo de inmediato al plato del huevo para remojarlo ahí también. Freír el pan en el aceite caliente por ambos lados. Sacarlo del aceite y escurrirlo en una servilleta de papel. Antes de que se enfríe, trasladarlo al traste donde está el azúcar y la canela; agitar para que el pan se cubra completamente. Cubrir las torrijas con la mezcla de azúcar y canela en un plato plano, procurando no encimar unas con otras, porque se aplastan. Servir.

Esta receta la aprendí de mi padre, Carlos José Rodríguez Ajenjo, quien la hacía algunos domingos con el pan que sobraba. Ahora, yo la hago de vez en cuando en casa, también en fines de semana.

Concepción Ajenjo Roldán con sus hijos, México, años 80.

Mis abuelos, Concha Ajenjo Roldán y Manuel Rodríguez Tarifa, eran españoles, ella de Madrid y él de Baena, Córdoba. Llegaron a Veracruz en el último viaje del Mexique en 1939, con sus hijas Dolores y María Isabel. En aquél viaje también iban la bisabuela y la abuela de mi padre, Pascuala Verdejo, viuda de Roldán (97 años) e Isabel Roldán, viuda de Ajenjo (62 años), y el padrastro de mi abuelo, el actor José Morcillo. Mi padre y sus cuatro hermanos (dos mujeres y dos hombres) nacieron cuando ya la familia estaba asentada en la Ciudad de México. Años más tarde, se mudaron a León, Guanajuato, donde fallecieron los abuelos y la familia siguió creciendo.

Mauricio Rodríguez Álvarez (CDMX)

Los pestiños
de los Arjonilla Alday

PARA 4 PERSONAS

INGREDIENTES

PARA LA MASA: •1 taza de anís en grano (se recomienda comprar en los establecimientos de especias a granel. Los frascos de marca traen muy poco) •1 taza de aceite de oliva •1 taza de ajonjolí •½ vaso de anís líquido (dulce o seco) •Jugo de 1 naranja •1 taza de vino blanco, seco o dulce •1 huevo •1 kg de harina de trigo, cernida

PARA FREÍR Y CUBRIR: •Aceite (de preferencia de oliva) •Azúcar, canela en polvo

PREPARACIÓN

El anís en grano debe enjuagarse en agua fría. En una coladera fina se pone bajo el chorro de agua hasta que se le haya salido toda la tierra. Luego se deja escurrir el mayor tiempo posible (se puede presionar con una cuchara para que salga toda el agua). Calentar la taza de aceite de oliva y freír el anís escurrido; tan pronto como empiece a dorarse, sacarlo del sartén y escurrir el aceite en otro sartén limpio. Dejar escurrir el anís el mayor tiempo posible, oprimiendo de vez en cuando para acelerar el escurrimiento. El anís en grano ya frito y bien escurrido se tira. En el aceite en el que se sofrió el anís, freír el ajonjolí hasta que empiece a dorarse. Retirar del fuego y dejar enfriar. En un tazón grande, juntar los ingredientes líquidos: ½ vaso de anís líquido, jugo de 1 naranja, 1 taza de vino blanco, 1 huevo y el aceite con el ajonjolí de la fritura ya fríos. Revolver todo. Aparte, en un tazón grande, colocar la harina y formar un «volcán» para agregarle los ingredientes líquidos en el centro. Amasar todo hasta integrar bien los ingredientes y lograr una masa manejable, que no se pegue en la mesa. Si está muy dura, se puede agregar un poco más de jugo de naranja o harina en el caso de quedar muy «aguada». Pero no se debe agregar nada hasta asegurarse de que se ha mezclado todo adecuadamente. Formar una bola grande que no se pegue ni a las manos ni al recipiente. Cubrir la bola con un trapo húmedo o plástico para que no se reseque.

CÓMO SE FORMAN LOS PESTIÑOS

La masa debe poder aplanarse con el rodillo sin pegarse a la mesa de trabajo, procurando no enharinar ni la mesa ni el rodillo. Con porciones pequeñas de masa, ve formando bolitas bien redondeadas, del tamaño de una nuez pequeña, 2.5 cm de diámetro, aproximadamente. Aplanar cada bolita con el rodillo hasta hacer una especie de buñuelo o crepa muy delgada, que se pueda despegar de la superficie donde se aplane. Frecuentemente se separan algunos granos de ajonjolí al aplanar la masa, pero se vuelven a integrar a la siguiente bolita. Doblar la bolita aplanada de dos lados para formar un «taquito», pero sin pegar el doblez para que quede hojaldrado al freírlo. Ir poniendo los pestiños sobre charolas y reunir varias capas, separándolas entre sí con papel encerado. No conviene acumular muchas capas porque se aplastarían los dobleces.

FRITURA Y FINAL DE LA ELABORACIÓN

Cuando ya están formados todos los pestiños, freír en aceite bien caliente, que puede o no ser de oliva. Para que el aceite no se ponga negro durante el tiempo de fritura, que es muy largo, colocar un objeto de plata (bien lavado y limpio) dentro del aceite desde que se pone a calentar. Pasar los pestiños ya fritos y todavía calientes por una mezcla de azúcar y canela (de proporciones al gusto). Conviene preparar esta mezcla en pequeñas cantidades para renovarla frecuentemente, ya que se impregna de aceite. Los pestiños ya fríos pueden guardarse en latas metálicas por mucho tiempo (hasta un año). Con el tiempo van sabiendo cada vez más ricos.

Nuestra madre, Yolanda Alday Ceja, mexicana de nacimiento, conoció a nuestro padre, Antonio Arjonilla Toribio, originario de Jaén, en la Ciudad de México. Con ellos empezó a formarse la familia Arjonilla Alday. Antonio salió de España en 1939; después de pasar un año en campos de concentración y batallones de trabajo en Francia, llegó en 1940 a República Dominicana en el vapor La Salle y en 1944 viajó a México en la goleta Jaragua.

Probablemente ninguna receta, objeto o palabra representa mejor a la familia Arjonilla de México que los pestiños. Tan es así que el ícono de nuestro chat familiar es una foto de los pestiños. Pero ¿qué son los pestiños? Son unas frituras tanto de origen andaluz como árabe. En la actualidad pueden encontrarse en las confiterías de Andalucía, especialmente en Semana Santa y Navidad, pero los que se venden ahí se parecen muy poco a los que nosotros hacemos. Los nuestros son como pequeños buñuelos muy delgados doblados como taquitos, que se fríen y se cubren con azúcar y canela. Los que se venden en Andalucía tienen la misma forma, pero son gruesos, con menos ingredientes y bañados en miel. No sabemos cuándo y dónde mutaron, pero a nosotros nos quedó el mejor espécimen, modestia aparte.

La receta llegó a la familia de la siguiente manera: nuestra abuela paterna le dio a probar a nuestra madre un pestiño que le había dado una vecina del edificio en la calle Bolívar, en el Centro Histórico del entonces Distrito Federal. La vecina y la abuela eran andaluzas, como nuestro padre. Nuestra madre, que era mexicana, quiso conocer la receta para darle ese gusto a su marido, y fue a ver a la vecina para preguntársela. ¡Oh, sorpresa!, la vecina era muy celosa de sus recetas y se la dijo de carrera. Nuestra madre corrió de regreso a su casa y la escribió, esperando que no se le olvidara nada. Después la puso en práctica y compartió una prueba con la vecina envidiosa; la mujer no podía creer que le hubieran salido tan bien. Así fue como la receta de los pestiños llegó a nuestra familia, que durante más de 65 años y por cuatro generaciones se ha disfrutado y compartido con amigos y familiares.

Para nosotros este es un manjar que solo se prepara antes de Navidad, mediante una labor que toma todo un día y que se come desde esa fecha hasta que se agota. Desde niños, en esta familia hemos crecido esperando el ritual de sentarnos a hacer pestiños a fin de año; en 2020, no pudimos reunirnos por la pandemia, y eso supuso un gran duelo para nosotros. Quien pudo, lo hizo a solas, que no es lo mismo, porque hacer pestiños es una terapia de grupo, ya se entenderá por qué.

Élia Arjonilla Alday y sus hijos haciendo pestiños, Ciudad de México, años 80.

Todos —hombres y mujeres—, sentados alrededor de una o más mesas, hacemos bolitas de masa o las aplanamos; los niños pequeños reciben unas cuantas bolitas y su pequeño rodillo con el que aplanan una y otra vez la misma masa hasta que va tornándose café de tanto manipularla. Cuando uno es pequeño cree que hace muchos pestiños, pero en realidad rehace cuatro o cinco muchas veces. Por lo general no hay acuerdo en que las bolitas sean del tamaño apropiado o en que el grosor y la forma del pestiño ya aplanado sean los correctos. Y como en este asunto no hay «apropiados» ni «correctos», de los desacuerdos se pasa a las bromas sobre la forma que cada quien le da a sus obras de arte. Y ahí está una parte de la «pestiñoterapia»: nos reímos mucho de nosotros mismos. Otra parte de la terapia es contarnos historias viejas y nuevas de parientes y conocidos. No es raro que muchas de las conversaciones empiecen por «Te acuerdas de...».

Por alguna razón desconocida (o, más bien, porque son deliciosos), desde muy pequeños aprendemos a disfrutar de los pestiños y nunca nos aburrimos de su sabor. Es frecuente entre nosotros que, ya pasada Semana Santa y mucho después, alguien pregunte si quedan pestiños para darse un apapacho. ¡Eso! Los pestiños son nuestra forma de apapachar. Regalar pestiños es una forma muy selecta de demostrar cariño. Y comerlos acompañados es un deleite inigualable.

Además de vivir en la Ciudad de México, hay Arjonillas que residen en Cuernavaca, Mérida, Florida, Madrid, París, Dundalk y República de Irlanda, y todos llevamos los pestiños en nuestro ADN.

Sofía, Antonio, Yolanda, Estrella, Manolo y Elia Arjonilla Alday (CDMX)

LA SOBREMESA (AGRADECIMIENTOS)

Este recetario no existiría si no fuera por la generosidad de las familias que respondieron a nuestra convocatoria y compartieron con nosotras sus recetas, historias y fotografías familiares. A todas ellas, gracias de corazón:

Andrés Villalobos, Araiz Ortega, Arjonilla Alday, Atilano Carsi, Bonilla Artigas, Bonilla Rius, Borrás Canadell, Brosa Curcó, Calahorra Fuertes, Carbó Darnaculleta, Cobos Panadero, Coen Trueta, Colsa Gómez, Concheso Cobos, Del cueto Ruiz-Funes, Elorriaga Berdegué, Ferrando Bravo, Filloy Nadal, Filloy Ring, Gally Companys, García García, García Laserna, García Robles, Gayol, Gispert Cruells, Herrero Buchanan, Iñurrategui Arriola, Larralde Ridaura, Las-sala Irueste, Lassala Mozo, López Ridaura, López Sánchez, Marquina Fábrega, Mayoral, Nadal Almudi, Nadal Palazón, Neila Álvarez, Oliart Ros, Ordax-Avecilla González, Ortega Ridaura, Osuna Márquez, Pardo Hernández, Polgar Salcedo, Pontones Sendra, Rancaño Lassala, Ribera Carbó, Ribó Bagaría, Ridaura Sanz, Rius Azcoita, Rodríguez Ajenjo, Rodríguez Borrás, Rodríguez Fernández, Ros Mora, Rubio Ezeta, Sacristán Ruiz-Funes, Schulz Manaut, Serna Rodríguez, Serrano Migallón, Soto Osuna, Suárez Sánchez, Tagüeña Parga, Taibo Mahojo, Vega Martín, Vilar Compte, Zugazagoitia Alexander-Katz.

MAITÉ, MELINDA Y MACO (CDMX, 2024)